U0805754

高等院校医学实验教学系列教材

预防医学实验

主　　编　董兆举
副 主 编　宓　伟　李　宁
编　　委　（以姓氏笔画为序）
石塔拉　叶　亮　朱海波　许　琪
李　宁　陈彩云　宓　伟　练　武
胡志勇　徐兰兰　董兆举

科 学 出 版 社
北　京

内 容 简 介

本实验教材内容分为三部分：流行病学原理与方法、临床预防服务与社区预防服务；形式上分为两章。第一章为 17 个实验内容，第二章为习题。流行病学方法类实验为综合设计性实验，以提高学生灵活理解和运用常见流行病学研究方法能力。临床预防服务类实验项目是将理论内容与实践技能相结合，提高学生的预防医学应用技能，设计为基础验证性实验和综合设计性实验。社区预防服务类实验项目主要为环境卫生学、职业卫生学和食品卫生学实验项目，包括基础验证性实验和综合设计性实验，以强化学生预防医学观念，培养学生独立思考及分析问题和解决问题的能力。

本教材既可供临床、护理和其他专业学生使用，也可作为公共卫生执业医师培训参考书籍。

图书在版编目（CIP）数据

预防医学实验 / 董兆举主编. —北京：科学出版社，2023.12
高等院校医学实验教学系列教材
ISBN 978-7-03-077324-1

Ⅰ. ①预… Ⅱ. ①董… Ⅲ. ①预防医学–实验–医学院校–教材
Ⅳ. ①R1-33

中国国家版本馆 CIP 数据核字（2023）第 251009 号

责任编辑：胡治国 / 责任校对：宁辉彩
责任印制：赵 博 / 封面设计：陈 敬

版权所有，违者必究。未经本社许可，数字图书馆不得使用

科 学 出 版 社 出版
北京东黄城根北街 16 号
邮政编码：100717
http://www.sciencep.com
三河市骏杰印刷有限公司印刷
科学出版社发行 各地新华书店经销
*
2023 年 12 月第 一 版 开本：787×1092 1/16
2025 年 8 月第二次印刷 印张：7 1/4
字数：210 000
定价：39.80 元
（如有印装质量问题，我社负责调换）

前　言

进入 21 世纪，社会、科技和医学出现巨大进步，各学科之间相互渗透、不断融合。与此相随，社会对健康的需求、健康政策都发生了巨大变化。在医学研究和社会实践领域各医学分支学科深入融合成为医学发展大趋势。党的二十大报告中作出全面推进健康中国建设，促进了以疾病诊治、预防、健康促进和健康管理等一体化医疗卫生服务的发展。以上背景要求医学生在预防医学领域掌握基本的实践能力和创新能力，而预防医学实验是培养这种综合能力的基本途径之一。

以培养基本实践能力为主，强化创新能力培养，紧密结合社会需求与公共卫生实践是编写本教材的基本原则。在保证学科发展的连续性，与临床实践、临床护理工作实践紧密结合的同时提升学生解决问题和分析问题的能力，并将理论知识与实际医疗卫生问题紧密结合，实现创新能力的提高。改变过去以验证性实验为主的模式，增加综合设计性实验，同时提高实验项目难度，并将任务驱动式教学和问题学习（PBL）教学方法应用于实验过程中，提高学生在实验过程中的参与度和自主学习能力。

本教材涉及流行病学原理与方法、临床预防服务与社区预防服务领域的实验，可供不同专业学生选择相应的实验项目进行能力训练。既可供临床、护理和其他专业学生使用，也可作为公共卫生执业医师培训参考书籍。

本教材还为理论课程学习提供基本练习题，用于强化对重点知识的学习与掌握。通过启发学生思考，促进对理论知识的综合理解与掌握。

在本教材编写过程中，很多教师为实验项目的设计与验证付出了不懈努力，在此对各位教师的付出表示感谢。尽管我们在编写工作中不遗余力，但书中难免存在不足，敬请各位教师和同学在使用本教材的过程中批评指正，在此诚恳地表示感谢。

董兆举　宓　伟　李　宁

2023 年 5 月

前言

目　　录

第一章　预防医学实验

实验室管理和实验守则

一、实验室管理

实验室管理应该具备完整的实验室管理体系，以保证实验室工作正常运行。预防医学实验室主要管理制度包括以下内容。

（一）实验室管理的基本要求

（1）建立一系列实验室管理制度，并且明确具体责任和基本要求。

（2）工作人员进入实验室工作时，必须穿工作服，离开时应脱下。

（3）禁止在实验室内吸烟和吃喝东西。不得使用实验器皿作为茶杯或餐具。

（4）应严格遵守实验操作要求，例如，需要在通风柜内开展的实验，必须在其内部完成。

（二）实验室环境的要求

（1）对温度、湿度有严格要求的测试场所，例如精密仪器室，需要配备监控设备进行监测和记录。

（2）精密仪器需要单独配备独立的实验室或空间，以免受潮或被化学品腐蚀。

（3）保持实验室的整洁和清洁。

（4）实验室内产生的废气、废水等有害物质应符合环保要求进行处理。

（三）实验室试剂管理的要求

1. 一般试剂

（1）建设专用库房，保存化学试剂。实验室内只短暂存放实验用少量试剂。

（2）试剂柜应按照试剂不同性质，进行试剂分隔存放。

（3）易挥发试剂（如乙醚、丙酮、浓硝酸等）应注意冷藏。易吸潮潮解或受潮变质的试剂，应储存于干燥器内。易污染其他试剂的试剂，应封装严密，单独储存。凝固点较高的试剂（如苯酚、冰醋酸等），应采取防瓶裂措施。易产生气体的试剂，封装不可太严，并应放在通风良好的地方。

（4）需专人负责，并且需要经常检查。

2. 危险试剂　危险性试剂主要包括易燃、易爆、毒害、腐蚀和放射性等五大类物质，对其储存管理，除应满足对一般试剂的要求外，还应注意以下事项。

（1）易燃和易爆试剂根据理化特性，分别储存放置，室温在30℃以下，严禁烟火、暴晒。存放量以不影响正常工作需要且确保安全为原则保有最低水平。

（2）易挥发、易燃液体应瓶装密封。

（3）剧毒试剂必须存放在专用保险柜，严格要求领用管理，并实行双人双锁管理。

3. 液体试剂

（1）所有实验用液体均应贴有标签，内容包括实验用液体名称、浓度、配制人、配制日期及有效期。

（2）根据实验用液体的性质及容器的材质选择正确的容器。同时，要保证容器的密闭性，防止液体挥发和气体侵入。

（3）对于稳定性差的实验用液体，应采用避光、冷藏、加入稳定剂等处理措施。

（4）针对实验用液体，需要定期检查，如果出现变色、沉淀、分解等现象，应丢弃并进行重新配制。

（四）实验室安全措施的管理要求

（1）实验室内必须配备通风橱、排气管道、防尘罩及消防装置等，并定期进行检查。

（2）按照有关规则和指导原则使用水、电、火、气，保证安全。

（3）高压气瓶固定位置，应远离火源和热源，防止暴晒和剧烈震动。

（4）在通风橱内或通风良好地点，使用有机溶剂和挥发性溶剂，严禁明火直接加热。

（5）对于剧毒化学品使用管理，要求使用人根据有关规定提出申请，批准后方可使用，做好领用记录，配制好的剧毒化学品溶液，要对其进行使用跟踪。

（五）实验室环保要求

（1）使用或生产危险化学品的部门，应独立配备实验室，并做好防护措施。

（2）对实验室废水、废气、废渣“三废”采取有效措施进行处理，以满足环保要求。

（六）实验室管理制度

制订各项规章制度，主要包括人员培训制度、安全管理制度、环保管理制度、工作制度、执行情况的检查制度、仪器设备管理制度、使用管理制度、内务管理制度、危险品及剧毒品使用管理制度等。

二、学生实验守则

（1）实验开始前，必须认真阅读和预习实验指导书中相关实验内容，做好实验前准备工作。

（2）进入实验室时，衣帽整齐，保持安静，不得大声喧哗和打闹。不随地吐痰，不乱抛纸屑和杂物，保持室内和仪器整洁。

（3）实验过程中，严格遵守实验室各项规章制度和操作规程，必须服从教师指导。因违反操作规程从而造成的事故和损失，应立即报告，按有关规定赔偿。

（4）爱护实验室所有仪器设备和一切公物，节约使用实验材料和实验药品。未经许可，不得使用与本实验无关的物品，不得将实验物品带出室外。

（5）实验时，注意安全，防止事故发生。一旦发生意外事故，应立即采取应急措施，并报告指导教师处理。

（6）实验结束后，要及时清理桌面，整理归位使用的仪器设备，废物送到指定地方，并打扫好室内卫生，关闭水、电及门窗等，经教师检查后方可离开。

（叶 亮）

实验一 现况研究

【实验目的】

通过实习，掌握现况调查设计的基本原理、内容和统计描述的基本方法，并深刻理解描述性研究用途。掌握现况调查中可能发生的偏倚及其控制方法，进而提高阅读科研文献的批判性思维能力。通过对身体活动情况的调查与评价，提高对健康的认识，强化健康生活观念。

【实验属性】

综合设计性实验。

【实验内容】

（一）研究设计

根据世界卫生组织提供的资料，缺乏身体活动是影响人群健康的重要因素，在成年人群和未成年人群中，缺乏身体活动者所占比例分别为25%、81%。为了更好地了解我校在校大学生的身体活动情况，请设计并开展一次现况调查，对身体活动情况做出评价。

要求：

（1）设计一个调查表，对研究对象的身体活动情况进行测量，并评价、分类。

（2）设计一个调查方案，要求说明研究对象如何抽取及抽取多少人。

（3）设计收集资料的方法，并做好质量控制工作。

（二）资料收集

利用自制的调查表，对研究对象开展调查，收集资料。要求完成不少于 20 名研究对象的资料收集工作。对资料收集过程中发现的问题做出说明，并指出对研究结果存在何种影响，如何避免造成偏倚。

（三）资料分析与讨论

对调查到的资料进行整理、录入，形成数据库。设计统计分析方案，并对统计分析结果做出科学的推理与解释。

要求：

（1）列出统计分析方案。

（2）主要计算结果包括哪些。

（四）思考题

（1）有两个小组在开展本次调查时，各自采用了不同的调查方法。甲组同学在食堂门口开展问卷调查收集资料，乙组同学在操场开展调查。请问，这两组开展的调查，哪个小组采用了随机抽样？哪个组调查的结果偏倚更加严重？

（2）如果告知调查对象本次调查结论确定的身体活动评价结果将计入体育课程成绩，会带来何种影响？这种影响应如何避免？

（董兆举）

实验二　病例对照研究

【实验目的】

通过本章节学习，掌握病例对照研究设计方法及其优缺点，提高学生对病例对照研究的理解与应用能力，做到能独立完成病例对照研究的设计、完成资料分析，并做出评价。促进在医学实践中正确应用病例对照研究的能力，从而提高在临床实践中的应用。

【实验属性】

综合设计性实验。

【实验内容】

（一）研究设计

计划进行一项病例对照研究以调查饮酒与心肌梗死的关系。病例选自某医院的心脏科。对照的选择有两种方案：一是由事故所致外伤患者组成，他们均为该院急症患者；二是由医院管辖区人群的一个代表性样本组成。

要求：

（1）设计一个调查方案，提出一个适宜的对照组，要求说明研究对象如何选取。

（2）设计收集资料的方法，并做好质量控制工作。

（3）说明两种对照组将产生的相对危险度哪个更大，并说明原因。

（二）资料收集

利用自制的调查表，对研究对象开展调查，收集资料。要求完成不少于20名研究对象的资料收集工作。对资料收集过程中发现的问题做出说明，并指出对研究结果存在何种影响，如何避免造成偏倚。

病例对照研究的资料收集方法主要是利用专门设计的调查表进行面访，因此，调查表的设计是一个很重要的步骤。利用设计的调查表，对研究对象开展调查，对资料收集过程中的注意事项做出说明，并指出研究过程中可能存在哪些偏倚，如何避免造成偏倚。

（三）资料分析与讨论

对调查到的资料进行整理、录入，形成数据库。设计统计分析方案，并对统计分析结果做出科学的推理与解释。

要求：

（1）列出统计分析方案。

（2）主要计算结果包括哪些。

（四）思考题

（1）两个小组在开展本次调查时，各自选用了不同的对照组。甲组同学选用的对照组是由事故所致外伤患者组成的急症患者，乙组同学选用的对照组是由医院管辖区人群的一个代表性样本组成。请问，这两组开展的调查，哪个小组的结果更可信？哪个组调查的结果偏倚更加严重？试述严格制订病例、对照诊断和排除标准的重要性。

（2）如果调查结果如表2-1，请计算心肌梗死组中饮酒者所占的比例，χ^2、OR、OR 95%置信区间，并做出解释。

表2-1　心肌梗死组与对照组饮酒习惯比较

暴露因素	心肌梗死组	对照组	合计
饮酒	145	118	263
不饮酒	3	30	33
合计	148	148	296

（胡志勇）

实验三　队列研究

【实验目的】

通过本章节学习，掌握队列研究的基本原理、内容和方法，并深刻理解队列研究是由“因”及“果”的研究。熟悉队列研究设计方法及其优缺点，进而提高队列研究中研究对象的选择、效应指标计算及分析方法。通过对分析饮酒与老年痴呆关联性的评价，提高对健康的认识，强化健康生活观念。

【实验属性】

综合设计性实验。

【实验内容】

（一）研究设计

饮酒与老年痴呆的关系引起人们关注，但研究结果并不一致。西方人群中开展的研究发现少量及中等量的饮酒可以使痴呆的危险降低。我国是饮酒的大国，但我国人群中有关饮酒与痴呆关系的研究开展较少。计划进行一项饮酒与老年痴呆的前瞻性队列研究。研究者拟通过对在烟台市社区居住的老年人群进行两年的随访研究，探讨饮酒与老年痴呆的关系。

要求：

（1）设计一个调查方案，要求说明样本量的计算和研究对象的选取。

（2）设计一个调查随访表，包括心理量表检测、问卷调查和临床检查，对研究对象开展随访调查。

（二）资料收集

利用调查随访表，对研究对象开展基线调查和随访调查，收集资料。要求说明调查人员的组成和质量控制工作。对资料收集过程中发现的问题做出说明，并指出如何提高本次研究的应答率，降低失访偏倚。

（三）资料分析与讨论

对调查到的资料进行整理、录入，形成数据库，并对统计分析结果做出科学的推理与解释。

要求：

（1）列出统计分析方案。

（2）说出主要计算结果包括哪些。

（四）思考题

本研究得到的部分结果如表 3-1。

表 3-1　烟台市 2019—2020 年 60 岁以上男性饮酒情况与老年痴呆发生的关系

分组	调查人数	老年痴呆人数	累计发病率（%）	RR	RR 95% CI
不饮酒	230	15			
轻中度饮酒	720	23			
重度饮酒	145	11			
合计	1095	49			

要求：

（1）完成表 3-1，结合表中内容分析饮酒与老年痴呆发生的关系。

（2）本次研究的局限性有哪些?

提示：结合 χ^2 检验结果与 RR 及置信区间进行综合分析。

（胡志勇）

实验四　随机对照试验

【实验目的】

通过本章节的学习，熟悉随机对照试验设计方法及实验流行病学研究的优缺点，提高学生对随机对照试验的理解和应用能力，做到能独立完成随机对照试验的设计、研究样本量的估算及资料的分析。通过了解随机对照研究中的伦理学问题，提高对医学伦理的认识，强化科研素养。

【实验属性】

综合设计性实验。

【实验内容】

（一）研究设计

红景天是中医药历史非常悠久的一味中药，已被广泛应用于功能性食品、营养制剂、医药、化妆品、高档饲料中，市场日趋扩大。现代研究发现红景天中含有非常多的氨基酸及抗衰老物质，可以清除体内自由基，调节免疫功能平衡，研究发现红景天还可以促进红细胞携氧能力。为了评估红景天在提高高原军事作业劳动能力中的作用，计划在驻扎 3700m 高原 1 年以上的健康男性青年中进行一项随机对照试验。研究者通过对高原男性青年人群进行两个月的干预，探讨红景天与血红蛋白浓度、血氧饱和度和心率等指标变化的关系。

要求：

（1）设计一个随机对照试验干预方案，要求说明采用的分组方式、设立对照组及盲法来评价疾病治疗措施的效果。

（2）样本量的估算和选择研究对象的注意事项。

（3）描述开展随机对照试验的主要步骤。

（二）资料收集

除了做好严谨的科研设计外，还需要收集高质量的资料，即具有可靠性、完整性和可比性的资料。要求根据研究目的设计调查表，在实施过程中需记录调查表中的各项内容。偏倚可以发生在研究工作的任何阶段，从而影响结果的正确性，指出在该实验过程中可能出现的常见偏倚，并说明如何避免造成偏倚。

（三）资料分析与讨论

资料收集后，首先要对资料进行仔细核对，然后确定分析的指标和分析方法。对调查到的资料进行整理、录入，形成数据库，并对统计分析结果做出科学的推理与解释。

要求：

（1）列出统计分析方案。

（2）主要计算结果包括哪些。

（四）思考题

某课题组研究得到的部分结果如表 4-1，表 4-2。

表 4-1 服药前后血氧饱和度测试结果（%）

分组	时间	安静	30 周	60 周	90 周
实验组（n=30）	服药前	90.9±0.3	90.4±0.4	89.8±0.3	88.8±0.4
	服药后	91.3±0.2	90.8±0.4	90.3±0.4	90.9±0.5*
对照组（n=30）	服药前	91.2±0.4	90.5±0.5	89.7±0.5	89.1±0.6
	服药后	91.3±0.4	89.9±0.4	89.7±0.4	89.2±0.5

*.与同时间对照组比较，$P<0.05$

表 4-2 服药前后血红蛋白浓度的变化

分组	n	血红蛋白浓度（mg/ml）	
		服药前	服药后
实验组	30	119.8±2.3	180.2±3.4
对照组	30	119.2±2.2	165.3±4.1

（1）对照组服用安慰剂胶囊的作用是什么？

（2）服用红景天后，研究对象的血氧饱和度和血红蛋白含量有何变化？
（3）分析此次研究的可能结论。

（胡志勇）

实验五 筛检与诊断实验评价

【实验目的】

通过本章节学习，提高学生对筛检与诊断实验的理解与应用能力，做到能独立完成筛检与诊断实验设计、完成资料分析，并做出评价。促进在医学实践中正确应用筛检和诊断的能力，从而提高临床诊疗质量。

【实验属性】

综合设计性实验。

【实验内容】

缺铁性贫血（iron deficiency anemia，IDA）是我国及全球最常见的营养缺乏性疾病，婴幼儿和育龄期妇女患病率最高。铁缺乏可使儿童出现发育迟缓、学习能力下降、免疫功能降低等多种问题。也可对婴幼儿的认知和精神运动的发育造成不可逆转的损害。

为了早期发现婴幼儿缺铁性贫血，某公司开发了一款无创性检查设备，利用光谱分析原理，检测指甲判断婴幼儿是否存在贫血问题。为了确定该设备的准确性和可靠性，请你设计一个方案，完成该项评价工作。

（一）研究设计一

（1）设计一个研究方案，用于评价该设备用于缺铁性贫血筛检的真实性。要求说明金标准、计算样本量、病例组和对照组的选择等问题。

（2）该设备在某幼儿园对通过金标准确诊的 IDA 患者 320 人、无缺铁性贫血的 480 名幼儿进行光谱分析法检测，获得如下资料（表 5-1）。请对该筛检方法的真实性做出评价，并计算相应的指标。

表 5-1 光谱分析法检测 IDA 真实性评价分析

		IDA 患者	对照	合计
光谱分析法	阳性	280	68	348
	阴性	40	412	452
	合计	320	480	800

（二）研究设计二

为了说明该设备检查结果的可靠性，利用该设备对某幼儿园内 182 名幼儿进行检查，每个儿童在 2 天内完成两次检查，并且要求第一次与第二次负责检查的医生分别独立完成工作。将两次检查资料进行整理，获得如下数据（表 5-2）。请根据表 5-2 中数据，对该设备用于筛检 IDA 的可靠性做出评价。

表 5-2　光谱分析法检测 IDA 可靠性分析

		第一次结果		合计
		阳性	阴性	
第二次结果	阳性	48	18	66
	阴性	22	94	116
	合计	70	112	182

（三）思考题

（1）根据大规模的研究发现，在学龄前儿童中，IDA 患病率为 15%。若将上述筛检方法（光谱分析法）用于幼儿园体检，则检查结果呈阳性、阴性的儿童真正是 IDA 患者和非患者的概率是多大?

（2）该方法是否可以推广应用？请说明理由。

（董兆举）

实验六　健康危险因素评价及健康风险评估

【实验目的】

健康风险评估是临床预防服务的重要内容，是一种用于描述和评估个体健康危险因素所导致的某种特定疾病而死亡可能性的方法和工具。健康风险评估提供了如何评估危险因素与疾病的发生和死亡之间数量关系的手段和方法。通过本实习使学生掌握健康风险评估的原理和初步应用，让学生了解健康危险因素的概念、特点和分类，培养学生的社会责任感，使学生能够将健康风险评估的相关知识学以致用，服务社会。

【实验属性】

综合设计性实验。

【实验内容】

（一）健康危险因素的概念

健康危险因素是指机体内、外环境中存在的与疾病的发生、发展及预后有关的各种诱发因素。由于健康因素的存在，使得疾病或死亡发生的可能性增加，或使健康不良后果发生概率增加。

（二）健康危险因素的特点

1. 潜伏期长　疾病的发生通常都是经过长期、反复接触危险因素后导致的。

2. 特异性差　流行病学研究显示，一种危险因素可能与多种疾病的发生有关，同一种疾病的发生经常是多种危险因素作用的结果。

3. 联合作用　随着危险因素数量的增多，疾病的发病风险也随之增加。

4. 广泛存在　危险因素普遍存在于人们的工作、生活环境及日常活动中，甚至伴随着个体的生存而存在。

（三）健康风险评估

是研究致病危险因素与慢性病发病率及死亡率之间关系及其规律性的一种技术。它将生活等因素转化为可测量的指标，预测个体在未来一定时间发生疾病或死亡的风险，同时估计个体降低危险因素的潜在可能，并将信息反馈给个人。

（四）健康风险评估分类

分为一般健康风险评估和疾病风险评估。一般健康风险评估主要是对危险因素和可能发生的疾病进行的评估。对危险因素的评估包括生活方式/行为危险因素评估、生理指标危险因素评估，以及个体存在危险因素的数量和严重程度的评估，发现主要问题及可能发生的主要疾病。疾病风险评估是对特定疾病发病或患病风险的评估，如对心脏病和糖尿病的风险评估。疾病风险评估包括单一因素与特定疾病的患病风险评估，另一种是多种因素与特定疾病的患病风险评估。

（五）一般健康风险的评估方法及步骤

1. 收集资料　收集人群年龄、性别、疾病死亡率资料，收集个体危险因素资料。

2. 评估步骤

（1）将危险因素转换成风险分数。

（2）计算组合风险分数。

（3）计算死亡风险。

（4）计算平均年龄。

（5）计算增长年龄。

（6）计算风险降低程度。

（六）风险分数计算

对于大多数慢性病患者来说，往往同时有多个危险因素共同作用，因此，需要计算组合风险分数，即把每一项危险因素对某疾病发病或死亡的影响进行综合评价。

1. 组合风险分数计算方法　先根据风险分数转换表（见附表四）查得在每一项危险因素中的风险分数，再根据下列公式计算：

$$P_z=(P_1-1)+(P_2-1)+\cdots+(P_n-1)+Q_1\times Q_2\times\cdots\times Q_m$$

P_z：组合风险分数。

P_n：≥1 的各项风险分数。

Q_m：<1 的各项风险分数。

将大于 1 的风险分数减 1 作为相加项，小于 1 的部分相乘作为相乘项，相加项和相乘项之和即为组合风险分数。

对于个体的发病风险计算：

发病风险=人群总发病率×组合风险分数

2. 目标风险分数的计算　对于疾病来说某些危险因素是可以改变的，如吸烟、酗酒等。改变不良生活习惯可降低疾病的发生风险。计算这些可改变的危险因素或降低后的发病风险即为目标风险分数。

（七）健康风险个体评估

通过比较目前的风险分数、一般人群的风险分数及目标风险分数就可以对该病的发病风险进行评估。评估结果可以分为以下几种。

1. 低风险型　被评估者发生该病的目前风险分数<1，也就是低于同年龄组、性别一般人群的发病风险。

2. 自创型　被评估者发生该病的目前风险分数>1，而目标风险分数远小于目前风险分数。被评估者发生该病的目前风险分数>1，说明风险分数的平均水平较高，目标风险分数和目前风险分数相差较大，说明这些风险分数属于自创性，通过降低危险因素的措施，可以降低发病风险。

3. 难以改变的危险因素型　被评估者发生该病的目前风险分数>1，但目标风险分数和目前风险分相差较小。说明个体危险因素主要来自生物遗传因素和既往疾病史，通常不易改变，降低发病风险的可能性较小。

4. 一般风险型　被评估者发生该病的目前风险分数接近于 1，目标风险分数和目前风险分数相接近。说明被评估者的发病风险接近于一般人群，降低的可能性有限。

（八）案例分析

李某，男，50 岁，大型企业经理，经常在外吃饭，应酬时劝酒劝吃，饮食很难自己管控；业余时间走路锻炼；经常吸烟，每天吸烟 20 支；开车不系安全带；母亲患有糖尿病、骨质疏松和高血压；姐姐患糖尿病；体质指数（BMI）=30kg/m^2；血压 140/95mmHg；血总胆固醇 5.6mmol/L；腰围 91cm。请对该个体发生冠心病和脑卒中事件的风险进行评估。

分析步骤：

（1）收集危险因素资料，获取与评估疾病有关的各项危险因素的指标。

（2）查阅该年龄、性别的风险分数转换表，得到各项危险因素所对应的风险分数。

（3）利用组合风险分数计算方法，计算目前风险分数。

（4）对各项危险因素进行重新评估，根据改变不良行为方式后的危险因素组合，查表获得各项危险因素所对应的新的风险分数。

（5）利用组合风险分数计算方法计算目标风险分数。

（6）通过目前风险分数、目标风险分数和一般人群风险分数的比较，确定发病风险的类型。

（朱海波）

实验七　蔬菜、水果中总抗坏血酸的测定

【实验目的】

新鲜食品中的抗坏血酸（维生素 C）主要以还原型的形式存在，测定还原型维生素 C 可粗略了解食品中维生素 C 的量，指导合理膳食；在实验操作过程中培养学生团队协作的精神，提升动手操作的能力，树立正确的饮食观和健康观。

【实验属性】

基础验证性实验。

【实验内容】

（一）实验原理

食物中的总抗坏血酸包括还原型和脱氢型两种形式。当食物陈旧、储存日久及经过烹调处理后，其中有相当一部分抗坏血酸成为脱氢型，此种形态的抗坏血酸仍有 85%左右的维生素 C 活性，所以对这类食物常测定总抗坏血酸。测定时须将样品中的还原型抗坏血酸氧化成脱氢型抗坏血酸。在一定条件下脱氢型抗坏血酸与 2,4-二硝基苯肼偶联生成红色的脎，脎的生成量与总抗坏血酸含量成正比。将脎溶于硫酸后即可进行比色定量。其反应如（图 7-1）。

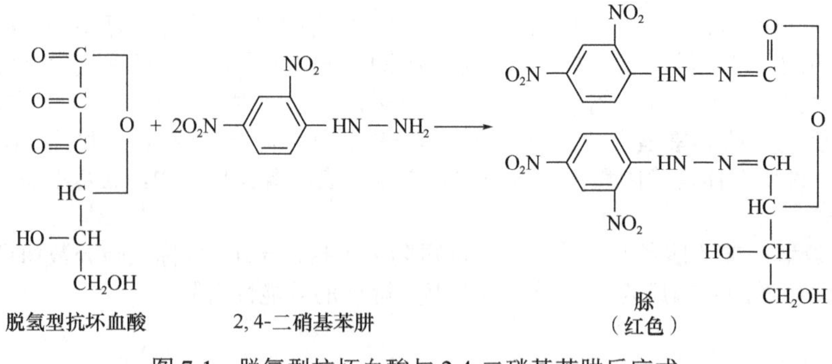

图 7-1　脱氢型抗坏血酸与 2,4-二硝基苯肼反应式

（二）蔬菜、水果中总抗坏血酸的测定

1. 试剂

（1）4.5mmol 硫酸：25ml 浓硫酸（比重 1.84）缓慢加入 700ml 蒸馏水中，冷却后稀释至 1000ml。

（2）2% 2,4-二硝基苯肼：溶解 2g 2,4-二硝基苯肼于 100ml 4.5mmol 硫酸中，过滤。4℃保存。每次用前需再过滤，保存时间限于 2 周。

（3）85%硫酸：850ml 浓硫酸（比重 1.84）缓慢加入 150ml 水中。

（4）2%草酸溶液、1%草酸溶液。

（5）10%硫脲：称取硫脲 5g 溶于 50ml 50%乙醇中，4℃保存。保存期限 2 个月。

（6）活性炭：100g 活性炭中加入 750ml 1mol/L 盐酸回流 1～2 小时，过滤，用蒸馏水反复洗涤活性炭至洗涤滤液中无 Fe^{3+}为止。然后置烤箱中 110℃烘干冷却后置于干燥器中备用。

（7）标准抗坏血酸储备液：精确称取抗坏血酸 100mg，以 1%草酸溶解并定容至 100ml，4℃保存。终浓度为每 1ml 储备液含抗坏血酸 1mg。

（8）标准抗坏血酸应用液：准确吸取标准抗坏血酸储备液 10ml 置入 100ml 容量瓶中，用 1%草酸溶液稀释至刻度，用时现配。终浓度为每 1ml 应用液含抗坏血酸 100μg。

2. 仪器

（1）组织捣碎机。

（2）恒温水浴箱。

（3）722 型分光光度计。

（4）100ml 容量瓶。

（5）刻度吸管。

（6）100ml 锥形瓶、三角烧瓶、试管。

3. 操作步骤

（1）样品提取：均匀取样 100g，剪碎置捣碎机中，按 1∶1（*W*/*V*）加入 2%草酸，制成匀浆，称取匀浆 4g 加 1%草酸稀释后倾入 100ml 容量瓶中，并以 1%草酸冲洗烧杯并入容量瓶稀释至刻度，过滤。

（2）氧化：取上述滤液约 25ml 置于 100ml 锥形瓶中，加活性炭 0.5g 振摇 30 秒；过滤，取氧化后滤液 10ml 置于三角烧瓶中，加入 1%草酸 10ml 混匀。

（3）脎的形成：取试管 3 支按表 7-1 操作，A 为空白管，B、C 为样品管。

表 7-1　脎的形成

管号	A	B	C
样品氧化后滤液（ml）	2.0	2.0	2.0
10%硫脲（滴）	1	1	1
2,4-二硝基苯肼（ml）	0	0.5	0.5

置 37℃恒温水浴中保温 3 小时，取出置室温下，A 管加 2% 2,4-二硝基苯肼 0.5ml。

（4）脎的溶解：各管置冰浴中缓慢加入 85%硫酸 2.5ml，边加边振摇。取出试管，室温下放置 30min 于 490nm 波长下进行比色，以 A 管调零，测样品管之光密度。

4. 制作标准曲线

（1）取标准抗坏血酸应用液约 25ml 于 100ml 锥形瓶中加活性炭 0.5g，振摇 1 分钟过滤。

（2）取上述滤液 10ml 置于 100ml 容量瓶中，用 1%草酸稀释至刻度。终浓度为 lml 含抗坏血酸 10μg。

（3）取试管 5 支，按表 7-2 顺序操作。

表 7-2 标准曲线的制作

管号	0	1	2	3	4
抗坏血酸标准液（ml）	0.0	0.5	1.0	1.5	2.0
各管抗坏血酸含量（μg）	0	5	10	15	20
1%草酸（ml）	2.0	1.5	1.0	0.5	0.0
10%硫脲（滴）	1	1	1	1	1
2% 2,4-二硝基苯肼（ml）	0.5	0.5	0.5	0.5	0.5

置 37℃保温 3 小时，取出后置室温下，至室温后各管置冰浴中缓慢加入 85%硫酸 2.5ml，振摇混匀，室温下放置 30 分钟后置于分光光度计 490nm 波长比色。以光密度为纵坐标，以抗坏血酸含量为横坐标绘制标准曲线。

5. 计算

$$样品总抗坏血酸含量（mg/100g）=\frac{C}{W}\times\frac{1}{1000}\times 100$$

式中：C：样品管相当标准抗坏血酸毫克（μg）数。

W：用于测定的样液中所含样品的克（g）数。

6. 举例 100g 番茄酱加 2%草酸 100ml 制成匀浆，取匀浆 4g 稀释至 100ml 过滤，取滤液 10ml 稀释至 20ml，取 2ml 稀释液进行测定。测得光密度相当标准抗坏血酸 8μg，样品中抗坏血酸含量即可求得。

先求出 2ml 样品中所含样品的克数（W）

$$W=\frac{100}{100+100}\times\frac{4}{100}\times\frac{10}{20}\times 2=0.02(\text{g})$$

$$样品中抗坏血酸含量（\text{mg}/100\text{g}）=\frac{8}{0.02}\times\frac{1}{1000}\times 100=40\text{mg}/100\text{g}$$

7. 附注

（1）生蔬菜、水果捣匀浆时可能产生泡沫，为定容准确可加数滴戊醇以除去泡沫。

（2）处理活性炭时用 Fe^{3+}检查法：取活性炭洗涤滤液少许，加数滴 5%亚铁氰化钾，若不出现蓝色，说明无 Fe^{3+}；或加数滴 1%硫氰酸钾，若不出现红色，也说明无 Fe^{3+}。

（练　武）

实验八　营养调查与评价

【实验目的】

通过该实习了解不同地区、年龄和性别人群的能量和营养素摄入情况，了解与能量和营养素摄入不足、过剩有关营养问题的分布，分析营养相关疾病的病因、影响因素，为有效改善和提高人民群众健康水平提供科学依据。

【实验属性】

综合设计性实验。

【实验内容】

（一）膳食调查

1. 背景资料 营养调查是指通过横断面调查的方法来评估被调查人群的营养状况。自中华人民共和国成立以来分别在 1959 年、1982 年、1992 年和 2002 年进行了全国规模的营养调查。2010 年卫生部将中国居民营养与健康状况调查列为重大医改项目，确定了 5 年一周期的常规性全国营养与健康监测。定期开展国民营养与健康状况调查，及时颁布调查结果，其目的是了解居民生活水平、居民能量和各种营养素的摄入情况、研究居民体质健康水平等。进行营养调查的目的是了解调查对象膳食摄取情况，关注体质与健康状态，发现营养不合理人群。对被调查个体进行营养状况的综合判定和对人群营养条件、问题、改进措施进行研究分析。营养调查包括膳食调查、人体营养水平的生化检验、营养不足或缺乏的临床检查、人体测量资料分析等 4 个内容。

膳食调查是营养调查的组成部分，是营养工作的基本手段。常用的膳食调查方法有称量法、记账法、回顾法。这些方法可单独进行，也可联合使用。不同的膳食调查方法有各自的特点，可根据具体情况进行选择。通常情况下，采用 24 小时膳食回顾法，再结合称重法或（和）食物频率法，以提高膳食调查的准确性。膳食调查要求在每年四季或二季（冬春、夏秋）分别进行调查，每次 3～5 天以上，包括一个休息日；记录的被调查者每天摄入的所有食物，可依据食物成分表，计算出其中所提供的能量和营养素的含量，然后进行分析和评价。

2. 调查方法

（1）称量法：适用于团体、家庭及个人的膳食调查。调查日期为 3～7 天，一般 7 天为宜。这样可以调查出每日膳食变动情况和每日各餐食物的情况。该方法能准确地反映被调查者的膳食摄取情况，缺点是需要较大的人力、物力、财力及时间，不适合大规模的调查工作。具体操作步骤为先称烹调前生食（可食部）质量、之后称烹调后的熟食质量，最后再称吃后剩余食物的质量。

1）调查时首先记录食谱中每餐所吃的食物名称和生、熟食质量并分别录入调查表。称重膳食调查记录表表头可参考图 8-1，若调查托幼单位可用称重膳食调查记录表（表 8-1）。

2）精确统计每餐用餐人数，将调查期间消耗的食物量除以调查天数和用餐人数，获得平均每人每天各项食物摄入的克数，将其填入每人每天营养素摄取量计算（表 8-2）。如果被调查对象在年龄、性别、劳动强度上差别较大，先折算成相应的“标准人（指轻体力劳动的 60kg 成年男子）”的每人每天各种食物的摄入量。

3）根据“食物成分表”中查找各类食物可食部所含各种营养素的含量，加在一起即得到每人每日各种营养素和能量摄取量。

单位　　　就餐人数　　　餐别　　　　　　　　　　　　　　调查日期　　年　　月　　日

饭菜名称	食物名称	生食量（kg）	熟食量（kg）	熟食剩余量（kg）	熟食净吃量（kg）	生食量/熟食量系数	总摄入量（kg）	平均每人净吃量（kg）	备注

图 8-1　称重膳食调查记录表表头

表 8-1　称重膳食调查记录表

班次（编号）											
人次（姓名）											
饭菜名（编号）	质量（kg）	饭菜	容器	饭菜	容器	饭菜	容器	饭菜	容器	饭菜	容器
	每班分量（kg）										
	剩余量（kg）										
	所吃净量（kg）										
食物名称	生食量（kg）	熟食量（kg）	生食量/熟食量系数		班						
					进食量（g）						

单位：　　　　　　　　　　　　　　　　　　　　　　　　填表日期　　年　　月　　日

填表人：

表 8-2 每人每日营养摄取量计算表

省　　市　　县　　乡　　　　　　　　年　　月　　日

编号：

餐别	食物名称	质量（kg）	蛋白质（g）	脂肪（g）	糖（g）	热量（kcal）	钙（mg）	磷（mg）	铁（mg）	维生素 A（μg）	硫胺素（mg）	核黄素（mg）	尼克酸（mg）	抗坏血酸（mg）

填表人签名：　　　　　　计算人签名：

（2）记账法：此种方法适用于有详细伙食账目的机关、学校、部队、托儿所等集体单位的膳食调查。根据被调查单位每日购买食物的发票、账目及出勤人数的记录情况等资料，计算出一定时期内平均每人每日食物消耗量及各种营养素和能量的摄取量。

此方法的优点是简便易行，所费人力少，易于掌握，可调查较长时期的膳食。如进行全年 4 个季度的调查，一般每季度调查 1 个月，这样则能更好地反映各种营养素实际摄取情况。其缺点是不如称量法精确。记账法所用膳食调查表可参考表 8-3。

1）调查开始时先称调查单位后勤仓库现存所有食物。

2）叮嘱食物采购员在调查期间记录购入食物。

3）调查结束时再称仓库所有剩余食物。则（1）+（2）–（3）即为调查期间家庭的食物摄取量。

a. 食物消耗量：开始调查前要称量库存（包括厨房）的食物，将存余食物记入“食物量记录表”（表 8-3），以后将调查时期内购入的食物逐日分类登记，食物分类要清楚，例如所购入的蔬菜应有具体名称如大白菜、菠菜等，肉类应分猪、牛、羊肉等。调查结束时再进行盘库，称量库存剩余食物，将调查开始前的食物库存量加上调查期间购入量再减去调查结束时库存量，即为调查期间食物消耗的量。

在调查期间，膳食调查者应经常到现场观察，以观察有无废弃食物情况，有则加以纠正，同时也可在计算食物消耗量时扣除。

表 8-3 食物量记录表

单位：　　　　　　　　年　　月　　日至　　年　　月　　日

食物名称															
结存数量（kg）															
日															
日															
日															
日															
日															

续表

剩余数量（kg）															
折合生重（kg）															
总消耗量（kg）															
剩余量（kg）															
实际消耗（kg）															
备注															

填表人签名：

b. 平均每人每日食物消耗量：食物总消耗量均以千克（kg）为单位，而平均每人每日食物消耗量以克（g）为单位，故计算所有食物时均要以1000乘之，以人日数除，求出常数。例如人日数为1560，常数为 $\frac{1000}{1560}=0.64$ 。如大米的总消耗量为 240kg，则平均每人每日大米消耗量为 240×0.64=153.6=154（g）。

c. 每日膳食中营养素供给量：我国各种年龄、不同劳动强度的居民，每日膳食中营养素供给量参考《中国居民膳食营养素参考摄入量（2023）》。若所调查的集体或家庭成员中有儿童、青少年、不同劳动强度者或乳母、孕妇，则各人的营养素需要量有所不同。故对所调查的整个集体或家庭的营养素摄取量进行评价时，则须用标准人字数计算出平均供给量，再与调查出的实际摄入量进行比较，以评价营养素摄取量是否充足。计算方法如下：将不同年龄组、不同性别、各种劳动强度的人日数乘其各自的差值，求出共差值，各共差值相加为总差值，再被总人日数除得平均差值。如用平均差值乘100，所得乘积为负数时，则从成年男子（极轻体力劳动）热能供给量2400kcal中减去，所得乘积为正数，则与 2400kcal 相加即可得出该单位的平均热能供给量，再与膳食调查所得之热能摄入量比较，以其所占平均供给量的百分数来评价，达到 95%～100%即为充足，低于 95%即为不足。例如某集体有 1 岁儿童 2 人日数，其热能差值为–13，其差值为 2×（–13）= –26；2 岁儿童有 2 人日数，其差值为 2×（–12）= –24；5～7 岁儿童有 4 人日数，4×（–8）= –32；16～19 岁少年女子 3 人日数，3×（–3）= –9；成年女子中等体力劳动者 4 人日数，其差值为 4×[–2+（+6）]=+16；成年男子中等体力劳动者 4 人日数，4×[0+（+6）]=+24。总差值为（–26）+（–24）+（–32）+（–9）+（+16）+（+24）= –51，总差值（–51）被总人日数 19 除得–2.68，（–2.68）×100= –268，2400–268=2132kcal。如其实际调查能量摄入为 2100kcal，则 $\frac{2100}{2132}\times100\%=98.5\%$，其摄入量占平均供给量的 98.5%，故其热能摄取充足。

（3）回顾法：又称询问法，可用于家庭或个人的膳食调查，询问调查日期一般为近 1～3 天。回顾法通常采用 24 小时回顾法，调查前应向调查对象说明调查的意义，填写被调查者的姓名、年龄、性别、职业等。然后询问膳食组成部分和数量，具体包括每日进餐次数、正餐食物种类和数量，以及水果、点心等，将每日摄取食物的种类和数量详细填入调查表。询问时有困难或有疑问时应加用称量法核实，也可准备食物模型或模具，以提高调查结果的准确性和弥补单纯询问的不足。调查记录表内所列各项内容必须认真详细填写。如发现有遗漏或者所填某些数字不准确，应再询问。与记账法相同的方式计算并获得平均每人每日各种食物的进食量。再按“食物成分表”中每 100g 食品可食部所含各种营养素计算，最后加在一起，即得到每人每日能量和各种营养素摄取量，通过与膳食营养素参考摄入量相比较，评价调查对象的膳食营养状况，对其存在的膳食营养问题提出改进意见和建议。

调查步骤举例：

食物摄入量调查（选择其一）

资料：学生 2 人一组，互相询问调查过去 24 小时的实际食物摄入数量和种类，按餐次分别记入表格，见表 8-4。

资料：某大学生24小时进餐调查情况如下。早餐：牛奶1袋（约200ml），面包1个（小麦粉约150g），苹果1个（约180g）；中餐：米饭（大米100g），青椒肉片（青椒100g，瘦猪肉50g，葵花籽油5g）；晚餐：米饭（大米100g），番茄炒鸡蛋（番茄150g，鸡蛋50g，豆油5g）。按餐次、种类、原料质量分别计入表8-4。

表8-4 24小时膳食回顾法调查记录表

姓名 性别 年龄 职业 工种 劳动强度 身高（cm） 体重（kg）

餐别	饭菜名称	食物名称	原食物使用量（g）	废弃量	净摄入量（g）	备注
早餐						
中餐						
晚餐						

1）查食物成分表，计算通过食物摄入的能量和各种营养素的量：食物成分表中营养素数据为100g可视部分的营养含量，计算中注意各种营养素摄入量，必须按调查对象各种食物原料的实际摄入量进行折算后，再将相关计算结果对应记录。

2）计算各类食物摄入量

a. 将24小时膳食回顾法调查表中食物按食物成分表找到编号和分类。

b. 将各种食物按膳食宝塔进行归类，并计算实际摄入量，见表8-5。

c. 在进行食物归类时，注意有些食物需进行折算后才能相加。例如计算奶制品摄入量时需先按蛋白质含量将奶制品折算为牛奶质量后才能相加。豆制品也需要先按蛋白质含量将豆制品折算为黄豆质量后才能相加。折算公式如下：

$$鲜奶量=奶制品摄入量\times该奶制品蛋白质含量\div3$$

$$黄豆量=豆制品摄入量\times该豆制品蛋白质含量\div35.1$$

表8-5 各类食物的摄入量

食物种类	食物名称	实际摄入量（g）	膳食宝塔参考摄入量（g）
谷薯类			
蔬菜类			
水果类			
畜禽肉类			
水产类			
蛋类			
奶类及其制品			
大豆及坚果类			
油			
盐			

3）查营养素供给量标准，计算摄入量占供给量标准的百分比

a. 根据调查对象的年龄、性别、体力活动强度等情况，查其能量和各种营养素供给量标准（RNI或AI）[①]，填入表8-6中。

b. 将食物营养成分计算表中的各类食物的能量和营养素分别相加计算总量，计算结果再与查询的供给标准比较，计算出供给标准的百分比。

① RNI：推荐摄入量；AI：适宜摄入量

表 8-6　食物营养成分计算表

餐别	食物名称	质量（kg）	蛋白质（g）	脂肪（g）	糖（g）	热量（kcal）
早餐						
中餐						
晚餐						
总计（*A*）						
供给标准（*B*）						
占供给标准百分比（*A*/*B*×100%）						

4）计算能量营养素来源百分比：食物能量来源为蛋白质、脂肪和碳水化合物。按食物营养成分计算表中三大产能营养素摄入量总计值，分别计算蛋白质、脂肪和碳水化合物的产能占总热能的百分比（表 8-7）。

表 8-7　能量营养素来源百分比

产能营养素	摄取量（g）	热量（kcal）	占总热能的百分比（%）
蛋白质			
脂肪			
碳水化合物			
合计			

5）计算蛋白质来源百分比：将食物营养成分表中摄入的蛋白质按属性（动物类、豆类、谷类、其他植物类食物）进行分类，并计算膳食中的动物蛋白和大豆蛋白合计（即优质蛋白）。然后将优质蛋白、谷类、其他植物类食物来源的蛋白质分别除以一日摄入蛋白的总量，计算出各类食物蛋白质占总蛋白的百分比（表 8-8）。

表 8-8　蛋白质来源百分比

种类	质量（g）	来源（%）
动物类（%）		
豆类（%）		
谷类（%）		
其他植物类食物（%）		
合计		

6）计算一日三餐能量分配：以全日热能为 100%，将各餐次热能合计值分别除以一日热能总计值，计算出早、中、晚三餐各占全日热能的百分比（表 8-9）。

表 8-9　三餐能量分配

餐次	热能（kcal）	占全日热能的百分比（%）
早餐		
中餐		
晚餐		
合计		

7）注意事项

a. 因 24 小时回顾法主要依赖应答者的记忆来回忆和描述他们的膳食，故该方法不适合用于 7 岁以下儿童与 75 岁以上老年人。

b. 在实际生活中，工作日和休息日的膳食情况常有很大差异，为使调查结果更好地反映调查对象的一般膳食情况，3 天回顾法通常选择 2 个工作日和 1 个休息日进行。

（二）人体测量

根据调查对象的年龄、性别选用适当的人体测量指标，可以较好地反映调查对象的营养状况。

1. 标准体重 用来衡量实测体重是否适宜。我国多用布罗卡（Broca）改良公式计算标准体重。

Broca 改良公式：标准体重（kg）=身高（cm）−105。

实测体重数位于标准体重数的±10%为正常范围，±（10%～20%）为超重或消瘦，±20%以上为肥胖/极消瘦。

2. 体质指数（BMI） 是成人营养状况评价中最常用的指标，在测量实际体重和身高的基础上计算。体质指数=体重（kg）/[身高（m）]^2。

我国成人体质指数在 18.5～23.9kg/m^2 为正常，18.5kg/m^2 以下消瘦，24～27kg/m^2 为超重，28kg/m^2 以上为肥胖。

3. 腰围、臀围及腰臀比

（1）腰围：判断个体腹部肥胖的指标。被测者空腹直立，双臂自然垂下、双脚分开 25～30cm，呼吸平稳，不收腹或屏气，条件下测量脐以上 1cm，以肋弓下缘和髂嵴连线中点的水平位置。男性（女性）腰围≥90cm（85cm）为腹部肥胖。

（2）臀围：用来评价髋部骨骼和肌肉的发育情况。耻骨联合和背后臀大肌最突出的水平周经。

（3）腰臀比：腰围和臀围的比值。当次比值＞0.9（男性）/0.8（女性）可判定为中心性肥胖。但此指标受年龄和人种等因素的影响。

4. 皮褶厚度 通过皮下脂肪的测量评价体脂肪含量的一种方法。测量点包括肩胛下角、脐旁、肱三头肌三个部位，通常用肩胛下角和上臂肱三头肌腹处的皮褶厚度之和结合年龄、性别标准来判断是否肥胖，一般不单独作为肥胖的标准。

（三）人体营养水平的生化检验

通过对人体血样中各种营养素含量的检测反映人体营养状况，人体营养状况的常用生化检测指标见表 8-10。

表 8-10 人体营养状况生化检验常用指标及参考值

检测项目	指标及参考值
蛋白质	血清总蛋白：64.0～83.0g/L，白蛋白：35～55g/L，球蛋白：20～30g/L，血红蛋白：男 120～160g/L，女 110～150g/L，视黄醇结合蛋白：26～76mg/L
血脂	血清甘油三酯：0.22～1.20mmol/L，血清胆固醇：2.9～60mmol/L
维生素 A	血清维生素 A：成人 300～900μg/L，儿童 300～700μg/L，血清 β 胡萝卜素：＞800μg/L
维生素 B_1	负荷试验：空腹口服维生素 B_1 5mg 后测 4 小时尿中排出量：正常 200～400μg，不足 100～200μg，缺乏＜100μg，红细胞转羟乙醛酶活力（TPP 效应）：＜15%正常，15.1%～25%不足，＞25%缺乏
维生素 B_2	负荷试验：空腹口服维生素 B_2 5mg 后测 4 小时尿中排出量：正常 800～1300μg，不足 400～799μg，缺乏＜400μg，红细胞谷胱甘肽还原酶活性系数（AC）：正常＜1.2，不足 1.2～1.4，缺乏＞1.4
烟酸	负荷试验：空腹口服烟酸 50mg 后测 4 小时尿中 *N*-甲基尼克酰胺排出量：正常 3～4mg，不足 2～3mg，缺乏＜2mg
维生素 C	血浆维生素 C 含量：正常 4～8mg/L，不足＜24mg/L
	负荷试验：空服口服维生素 C 500mg 后测 4 小时尿中排出量：正常 5～13mg，不足＜5mg
维生素 D	血浆 25-(OH)-D_3：25～150nmol/L

续表

检测项目	指标及参考值
叶酸	血清叶酸含量：正常＞6ng/ml，不足 3～6ng/ml，缺乏＜3ng/ml
钙	血清钙：2.25～2.75mmol/L（90～110mg/L，其中游离钙 45～55mg/L）
铁	血清铁：14.3～26.9μmol/L（800～1500μg/L）
锌	血锌：109.5±9.2μmol/L（7160±600μg/L）
其他	尿糖（–），尿蛋白（–），尿肌酐：0.7～1.5g/24h

（四）人体营养相关疾病的临床检查

临床检查包括全身、皮肤、头发、眼睛、口腔等身体各部位出现的临床症状来判断可能缺乏的营养素。营养相关疾病在不同的疾病发展阶段呈现不同特征和症状。常见临床症状与可能缺乏的营养素关系，见表 8-11。

表 8-11 常见临床体征与可能缺乏的营养素关系

部位	体征	可能缺乏的营养素
全身	消瘦或水肿，发育不良	能量、蛋白质、锌
	贫血	蛋白质、铁、叶酸、维生素 B_{12}、维生素 B_6、维生素 B_2、维生素 C
皮肤	干燥、毛囊的角化	维生素 A
	毛囊四周有出血点	维生素 C
	癞皮病、皮炎	烟酸
	阴囊炎、脂溢性皮炎	维生素 B_2
头发	稀少、失去光泽	蛋白质、维生素 A
眼睛	比奥斑、角膜干燥、夜盲	维生素 A
唇	口角炎、唇炎	维生素 B_2
口腔	牙龈炎、牙龈出血、牙龈松肿	维生素 C
	舌炎、舌猩红、舌肉红	维生素 B_2、烟酸
	地图舌	维生素 B_2、烟酸、锌
指甲	舟状甲	铁
骨骼	颅骨软化、方颅、鸡胸、串珠肋、X/O 型腿	维生素 D
	骨膜下出血	维生素 C
	肌无力、四肢末端蚁行感、下肢肌肉疼痛	维生素 B_1

（五）膳食调查结果评价

膳食调查结果的评价主要包括以下几个方面。

1. 膳食模式分析与评价　根据各类食物的摄入量计算结果，评价调查对象膳食结构的食物种类是否齐全，数量是否充足，分布是否合理。常以《中国居民平衡膳食宝塔（2022）》为依据对被调查人群的膳食模式进行评价。

2. 膳食能量和各类营养素分析与评价

（1）热能及营养素占供给量的百分比：根据食物营养成分计算表计算结果，对摄入合理、充足、不足或过剩的营养素进行归类，评价每日各种营养素摄入是否存在摄入不足或过剩的情况。

1）与《中国居民膳食营养素参考摄入量（DRIs）》中的 RNI 或 AI 比较，若相差在±10%内（即在 90%～110%范围内），可认为正常。还需结合该个体的人体测量、生化检测和临床检查结果进行综合评价。

2）能量和营养素的摄入量不宜超过 DRIs 中的最高可耐受摄入量（UL），若超过 UL，认为该个体该营养素存在摄入过多的风险。

（2）能量营养素摄入百分比：根据实际的能量营养素来源百分比计算结果，按照合理膳食中三大产能营养素推荐功能比为蛋白质 10%～15%，脂肪 20%～30%，碳水化合物 50%～65%。对能量营养素的来源比例是否恰当进行评价。

（3）蛋白质来源百分比：根据实际的蛋白质来源百分比计算结果，按照合理膳食中优质蛋白质（动物蛋白+豆类蛋白）供给量应达到蛋白质供给量的 1/3 以上，如果总量不足则优质蛋白质所占的比例应更高，最好达 50%以上的建议，对蛋白质摄入情况是否合理进行评价。

（4）三餐能量分配：根据实际的三餐能量分配计算结果，按照合理膳食的三餐能量分配推荐比例（早∶中∶晚=30%∶40%∶30%），对三餐的能量分配情况进行评价。

3. 制订营养调配和膳食营养指导方案 通过膳食计算和评价结果，指出调查对象膳食中存在的问题并对其进行综合分析，结合调查对象的 BMI 值、饮食习惯等因素，制订具体的膳食营养调配建议和措施。

（六）课题

某校食堂就餐人数 240 人，年龄 20～22 岁，男性。用记账法算的 8 月 15 日至 8 月 19 日，5 天内共消耗稻米 600kg，油菜 400kg，豆腐 140kg，猪肉（肥瘦）40kg，鸡蛋（红皮）6kg，南瓜 200kg，冬瓜 304kg，茄子 200kg，盐 20kg，酱油 5kg，豆油 7.5kg。请计算每人每日各种营养素的摄入量，并做出评价。

1. 计算方法

（1）根据生食品总消耗质量，计算出每人每日平均消耗的各项生食品的质量。

（2）按可食部分计算出平均每人每日摄入各项食品的净重克数。

（3）按照食物营养成分表，计算出各项食品所含的各种营养素量。

例如：求 500g 籼稻米含多少蛋白质？

解：米的可食部分是 100%，故食入量仍为 500g，由食物成分表查得 100g 籼稻米中含蛋白质 7.8g，故可设 500g 籼稻米含蛋白质量为 X g。

则 100∶7.8=500∶X

X=39g

用同样的方法可以计算出 500g 籼稻米中所含的脂肪、碳水化合物等营养素的量。其他类食物的各类营养素含量计算方法同上。

2. 计算结果 将平均每人每日摄入各类营养素量填入表 8-12；将平均每人每日所摄入的三大营养素所产生的热量填入表 8-13；将平均每人每日所摄入蛋白质质量及来源百分比填入表 8-14。

表 8-12 平均每人每日摄入营养素计算表

食物名称	平均每人每日摄入食品质量（g）	可食部分质量（g）	蛋白质（g）	脂类（g）	碳水化合物（g）	热量（kcal）	钙（mg）	铁（mg）	维生素 A（μg）	维生素 B_1（mg）	维生素 B_2（mg）	烟酸（mg）	维生素 C（mg）

续表

食物名称	平均每人每日摄入食品质量（g）	可食部分质量（g）	蛋白质(g)	脂类（g）	碳水化合物（g）	热量（kcal）	钙（mg）	铁（mg）	维生素A（μg）	维生素B_1（mg）	维生素B_2（mg）	烟酸（mg）	维生素C（mg）
合计													
标准供给量													
比较（%）													

表 8-13　平均每人每日热量来源百分比

营养素类别	摄入量（g）	热量（kcal）	占总热量（%）
蛋白质			
脂类			
碳水化合物			
合计			

表 8-14　平均每人每日优质蛋白质来源百分比

种类	蛋白质质量（g）	来源（%）
动物类（%）		
豆类（%）		
谷类（%）		
其他植物类食物（%）		
合计		

（石塔拉）

实验九　食谱编制

【实验目的】

根据当地食物种类、生产季节、经济条件和饮食习惯等，合理选择各类食物达到目标对象的能量和各种营养素的需要量，达到平衡膳食合理营养及预防疾病的目的。通过《中国居民膳食指南（2022）》和《中国居民平衡膳食宝塔（2022）》以及我国有史以来的膳食模式优缺点的解读，强化学生的爱国、爱党意识。

【实验属性】

综合设计性实验。

【实验内容】

（一）食谱编制的意义

将每日各餐食品的种类、数量及烹调方式、进餐时间作详细的计划并制成表格形式，称为食谱编制。一般食谱定制至少是一周食谱，以便在一定时间内达到食物之间的平衡摄入。食谱编制的目的、意义主要有以下 3 个方面。

（1）食谱编制是把 DRIs 和《中国居民膳食指南（2022）》的内容与要求具体落实到用餐者的一日三餐，使其按照人体需要情况，合理摄入能量和营养素，以达到平衡膳食、促进健康的目的。在某些情况下，还可针对特殊群体来编制食谱，以纠正和预防营养缺乏病的发生。

（2）食谱编制对正常人而言，可达到保证其合理营养的目的；对营养相关疾病或其他类疾病患者而言，可作为重要的治疗或辅助治疗措施之一。

（3）通过编制营养食谱，使食堂管理人员有计划地管理食堂膳食，也有助于家庭有计划地购买食材。

通过实验掌握食谱编制步骤；熟悉食谱编制的评价和调整措施；了解食谱常用编制方法的优缺点。

（二）食谱编制的原则

1. 保证营养平衡 按照《中国居民膳食指南（2022）》的要求及就餐者的营养需要特点，满足就餐者对能量及各种营养素的要求。不仅品种要多样、数量要充足，还应注意各种营养素之间的合理比例，保证既满足就餐者需要又防止过量。

2. 注意饮食习惯 膳食应多样化并兼顾就餐者的饮食习惯。结合不同烹调方法，做到色、香、味、形俱全。尽量做到一天 12 种以上食物、一周 25 种以上食物，并每周更换 1 次食谱。

3. 兼顾经济和市场条件 食谱编制中应考虑当地不同季节的食物供应情况，也要考虑进餐者在经济承受能力，也要符合营养要求，这样制订的食谱才有实际意义。

（三）食谱编制的方法

1. 计算法

（1）首先确定用餐对象一日的能量需要量：能量是维持机体生命活动正常进行的基本保证。用餐者的劳动强度、年龄、性别信息结合 DRIs 中能量的推荐摄入量确定能量的需要量。

（2）计算能量营养素一日应提供的能量：为达到平衡膳食的目的，三大产能营养素能量供给的比例要适宜：蛋白质 10%～15%，脂肪 20%～30%，碳水化合物 55%～65%，根据这些数值可求出三种能量营养素一日提供的能量。

（3）计算产能营养素的每日需要量：根据不同产能营养素的产能系数（即 1g 蛋白质产生 4.0kcal 能量，1g 脂肪产生 9.0kcal 能量，1g 碳水化合物产生 4.0kcal 的能量），计算出产能营养素的需要量。

（4）计算产能营养素每餐需要量：计算出产能营养素一日需要量后，根据三餐的能量分配比例计算出产能营养素每餐需要量。一般早餐、中餐、晚餐能量的适宜分配比例分别为 30%、40%、30%。

（5）计算主、副食的食用量

1）主食：经以上计算得到了三种产能营养素的需要量，就可根据食物成分表确定主食、副食的数量和种类。主食品种主要根据用餐者的饮食习惯而定。

2）副食：副食种类和数量是在已确定主食用量的基础上，依据副食所提供的蛋白质质量来确定。

3）蔬菜：确定了动物性食品和豆制品的摄入量后，最后要确定蔬菜的品种和数量。

4）纯能量食物：油脂的摄入主要以植物油为主，将需要的脂肪总量减去主副食提供的脂肪含量，即为每日植物油供应量。

（6）食谱的评价与调整：根据以上步骤编制食谱后，对食谱的科学合理性进行评价。将食谱提供的能量及各种营养素的量，要与 DRIs 进行比较，两者相差在 100%±10%范围之内，可认为合理，否则要更换或增减食物的数量或种类。一般情况下，每天的能量和产能营养素的量出入不应过大，其他类营养素通常以一周为单位进行计算和评价即可。评价食谱时应考虑以下几个方面。

1）食物种类是否齐全、食物数量是否充足、比例是否适宜。

2）三大产能营养素的功能比例是否适宜。

3）三餐能量分配是否合理。

4）优质蛋白的比例是否适当。

2. 食物交换份法 食物交换份法是将食物按其所含营养素的近似值归类，计算出每类食物每份所含的营养素和能量，然后将相同提供营养素和能量的食物列入表格供交换使用。

（1）食物划分：根据《中国居民膳食指南（2022）》，将食物按所含营养素的特点划分为谷类和薯类、蔬菜水果类、豆类、动物性食品、纯能量食品，见表 9-1。

表 9-1　常见食物的标准份量（以可食部计）

食物类别		食物质量或体积	热量(kcal)	备注
谷类		50～60g	160～180	面粉 50g=馒头 70～80g 大米 50g=米饭 100～120g
薯类		80～100g	80～90	红薯 80g =马铃薯 100g （能量相当于 0.5 份谷类）
蔬菜类		100g	15～35	高淀粉类蔬菜，如甜菜、鲜豆类，应注意能量的不同，每份的用量应减少
水果类		100g	40～55	100g 梨和苹果，相当于高糖水果如枣 25g/柿子 65g
畜禽肉类	瘦肉（脂肪含量<10%）	40～50g	40～55	瘦肉的脂肪含量<10%
	肥瘦肉（脂肪含量 10%～35%）	20～25g	65～80	肥瘦肉的脂肪含量 10%～35% 肥肉五花肉脂肪含量一般超过 50%，应减少食用
水产品类	鱼类	40～50g	50～60	鱼类蛋白质含量 15%～20%，脂肪 1%～8%
	虾贝类		35～50	虾贝类蛋白质含量 5%～15%，脂肪 0.2%～2%
蛋类（含蛋白质 7g）		40～50g	65～80	一般鸡蛋 50g/个，鹌鹑蛋 10g/个，鸭蛋 80g/个左右
大豆类（含蛋白质 7g）		20～25g	65～80	黄豆 20g=北豆腐 60g=南豆腐 110g=内酯豆腐 120g=豆干 45g=豆浆 360～380ml
坚果类（含脂肪 5g）		10g	40～55	淀粉类坚果相对能量低，如葵花籽仁 10g=板栗 25g=莲子 20g（能量相当于 0.5 份油脂类）
乳制品	全脂（含蛋白质 2.5%～3%）	200～250ml	110	200ml 液态奶=奶酪 20～25g=奶粉 20～30g 全脂液态奶，脂肪含量 3%
	脱脂（含蛋白质 2.5%～3%）	200～250ml	55	脱脂液态奶，脂肪含量<0.5%
水		200～250ml	0	

由表 9-1 可以看出，一定质量的同类食物，所含的蛋白质、脂肪、碳水化合物和能量相似，一般以能量为食物交换份的确定和衡量标准。不同类食物交换份的能量提供值可以不同，但是为使用和比较方便，常将产生 90kcal 能量的食物质量作为一个交换份。下面就是以此为标准的各类食物每单位食物交换份的代表量，见表 9-2～表 9-6。

表 9-2　等值谷薯类交换表

食物	质量（g）	食物	质量（g）
大米、小米、糯米	25	绿豆、红豆、干豌豆	25
高粱米、玉米渣	25	干粉条、干莲子	25
面粉、玉米面	25	油条、油饼、苏打饼	25
混合面	25	烧饼、烙饼、馒头	35
燕麦片、荞麦面	25	咸面包、窝窝头	35
各种挂面、龙须面	25	生面条、魔芋生面条	35
马铃薯	100	鲜玉米	200

注：每份谷薯类提供蛋白质 2g，碳水化合物 20g，能量 90kcal

表 9-3 等值蔬菜类交换表

食物	质量（g）	食物	质量（g）
大白菜、圆白菜、菠菜	500	白萝卜、青椒、茭白、冬笋	400
韭菜、茴香	500	南瓜、花菜	350
芹菜、莴苣、油菜	500	扁豆、洋葱、蒜苗	250
葫芦、番茄、冬瓜、苦菜	500	胡萝卜	200
黄瓜、茄子、丝瓜	500	山药、荸荠、藕	150
芥蓝菜、瓢菜	500	次菇、百合、芋头	100
苋菜、雪里红	500	毛豆、鲜豌豆	70
绿豆芽、鲜蘑菇	500		

注：每份蔬菜类提供蛋白质 5g，碳水化合物 17g，能量 90kcal

表 9-4 等值水果类交换表

食物	质量（g）	食物	质量（g）
柿、香蕉、鲜荔枝	150	李子、杏	200
梨、桃、苹果（带皮）	200	葡萄（带皮）	200
橘子、橙子、柚子	200	草莓	300
猕猴桃（带皮）	200	西瓜	500

注：每份水果类提供蛋白质 1g，碳水化合物 21g，能量 90kcal

表 9-5 等值大豆类交换表

食物	质量（g）	食物	质量（g）
腐竹	20	北豆腐	100
大豆	25	南豆腐	150
大豆粉	25	豆浆	400
豆腐丝、豆腐干	50		

注：每份大豆类提供蛋白质 9g，脂肪 4g，碳水化合物 4g，能量 90kcal

表 9-6 等值肉蛋类交换表

食物	质量（g）	食物	质量（g）
熟火腿、香肠	20	鸡蛋（一大个带壳）	60
半肥半瘦猪肉	25	鸭蛋、松花蛋（一大个带壳）	60
熟叉烧肉（无糖）、午餐肉	35	鹌鹑蛋（六个带壳）	60
瘦猪、牛、羊肉	50	鸡蛋清	150
带骨排骨	50	带鱼	80
鸭肉	50	草鱼、鲤鱼、甲鱼、比目鱼	80
鹅肉	50	大黄鱼、鳝鱼、黑鲢、鲫鱼	100
兔肉	100	虾、清虾、鲜贝	100
熟酱牛肉、熟酱鸭	35	蟹肉、水浸鱿鱼	100
鸡蛋粉	15	水浸海参	350

注：每份肉蛋类提供蛋白质 9g，脂肪 6g，能量 90kcal

（2）按照《中国居民平衡膳食宝塔（2022）》中的要求确定自己的食物需要量：表中列出了机体在三个能量需要水平时，各类食物的参考摄入量，该摄入量适用于一般健康人群。应用时要根据就餐者的年龄、性别、劳动强度等适当调整。

（3）参考食物交换表，计算食物的交换份数：以一位在办公室工作的中年女性为例，可根据中等能量膳食来计算她的食物交换份数。用中等能量膳食中各类食物参考摄入量除以各类食物的每份交换代量值，即可得到每份食物的交换份数。经计算，相当于 8 份谷薯类食物交换份、1～2 份果蔬类交换份、4 份肉蛋奶等动物性食物交换份、2 份豆类食物交换份、5 份油脂类食物交换份。将这些食品安排到一日三餐中，即可制成食谱。

在运用食物交换份法制订食谱时，也应遵循膳食指南中食物多样的基本原则。但应注意，一般是同类食品进行互换，当然也可在 4 组食品内部互换；另外，水果和蔬菜一般不互换，坚果类脂肪含量高，如食用少量则可减少烹调油用量。

食物交换份法是一种比较粗略的食谱编制方法。其优点是简单易行，易于被非专业人士掌握，因而有广泛的实用性。

在食谱编制过程中，可将计算法与食物交换份法结合使用，先用计算法确定食物的需要量，之后用食物交换份法确定食物种类及数量。

（四）课题

背景资料：男性，机关工作人员，42 岁，身高 175cm，体重 90kg。主诉：乏力、多饮 4 个月。诊断为糖尿病，建议采取饮食+运动治疗，1 个月后复查。本实验以该患者为例，进行糖尿病患者的食谱编制。

（石塔拉）

实验十　生活饮用水消毒

【实验目的】

通过本实验使学生掌握水的氯化消毒实验原理，学习水中余氯的检测方法和步骤。掌握漂白粉有效氯测定的原理，熟悉有效氯测定实验步骤。培养学生实践操作能力，提高学生的环保意识，并且加强学生节约水资源的意识。

【实验属性】

基础验证性实验。

【实验内容】

（一）水中余氯及漂白粉加入量的测定（邻联甲苯胺比色法）

1. 实验原理　移取定量的漂白粉，将其缓慢加入饮用水中，经过一定时间，消毒的效果达到以后，应使饮用水中仍有适当的余氯存在。为此，可先取数份一定体积的饮用水样，分别将不同体积已知浓度的漂白粉稀释液加入水中，30 分钟后，测定余氯含量时采用甲土立丁法，取余氯最合适（0.3mg/L）的水样，计算出漂白粉的加入量。甲土立丁法原理：水中余氯与甲土立丁（邻联甲苯胺）作用产生黄色的联苯醌化合物，根据其颜色深浅进行比色定量。

2. 仪器

（1）三角烧瓶 250ml 5 个。

（2）量筒 100ml 1 个。

（3）吸量管 5ml 1 支、刻度试管 10ml 5 支。

（4）余氯比色器 1 个。

（5）比色管 10ml 5 支。

3. 试剂

（1）0.01%漂白粉溶液：称取 0.01g 漂白粉置于研钵中，加蒸馏水少许，研磨后倒入 100ml 量筒内，再加蒸馏水稀释到 100ml，此溶液 1ml 含 0.1mg 漂白粉。

（2）甲土立丁溶液：称取邻联甲苯胺 1.00g，置于研钵中，加入 3∶7 盐酸 5ml 细细研磨，然后用 495ml 3∶7 盐酸溶解倒入 1000ml 容量瓶中，用蒸馏水定容至刻度线，将定容好的溶液转移至棕色瓶内，在室温下保存即可，有效期半年。

4. 实验步骤

（1）将 5 个三角烧瓶依次排好，每瓶中倒入 100ml 水样，如是湖水，先过滤，再取样。

（2）用吸量管分别吸取 0.5ml、1.0ml、1.5ml、2.0ml、2.5ml 的 0.01%漂白粉溶液，分别加入 5 个三角烧瓶中，混匀，静置 30 分钟。

（3）30 分钟后，取 5 支 10ml 刻度试管，各加入 0.5ml（10 滴）甲土立丁溶液，加水样到 10ml 刻度处，混匀。静置 10 分钟后在余氯比色器中比色，可测出各水样中余氯含量。

（4）选择水样中余氯为 0.3mg/L 左右的烧瓶，计算此瓶中的漂白粉加入量，即为消毒水样所需的漂白粉加入量。

$$\text{消毒水样所需的漂白粉加入量（mg/L）}=\frac{1000\times C\times V}{100}$$

其中：C：漂白粉溶液浓度，0.1mg/ml。

V：余氯为 0.3mg/L 左右的水样加入漂白粉溶液的体积（mL）。

5. 注意事项

（1）本法简单方便，不须事先测定漂白粉中有效氯的含量。当漂白粉中有效氯含量达到 15%以上时，即可用本法测定加入量。

（2）如果消毒后各份水样皆不含余氯，说明三角烧瓶中水的需氯量较大，所加漂白粉的量不足，每瓶应按比例分别加大漂白粉溶液的体积，重复上述步骤，找到适合余氯为止。

（3）用甲土立丁法测余氯时，水样温度在 15～20℃时显色最好。如水温较低时，可加入 1∶2 的稀盐酸 1ml 再进行比色。

（二）漂白粉中有效氯含量的测定（碘量法）

漂白粉系一些成分复杂的化合物，化学组分大致是 3Ca（OCl）Cl·Ca（OH）$_2$·nH_2O，其中 Ca（OCl）Cl 能起杀菌和氧化作用，称为有效氯。商品漂白粉中有效氯含量为 28%～35%，漂粉精中有效氯含量为 60%～70%。

1. 实验原理 漂白粉中有效氯成分在酸性条件下可与 KI 发生化学反应而释放一定量的碘，滴定碘用溶液为 $Na_2S_2O_3$ 标准溶液。根据此标准溶液的用量即可计算出漂白粉中有效氯的含量。

$$2CH_3COOH_2+2KI\rightarrow 2CH_3COOK+2HI$$

$$Ca(OCl)C1+2HI\rightarrow CaCl_2+H_2O+I_2$$

$$2Na_2S_2O_3+I_2\rightarrow 2NaI+Na_2S_4O_6$$

2. 仪器

（1）250ml 碘量瓶。

（2）研钵。

（3）100ml 量筒。

（4）25ml 酸式滴定管。

（5）托盘天平/电子天平。

3. 试剂

（1）0.7%硫代硫酸钠溶液：称取 0.7g 硫代硫酸钠（$Na_2S_2O_3\cdot 5H_2O$），用新煮沸并冷却的蒸馏水溶解，然后定容至 100ml。

（2）0.5%淀粉溶液：定量称取可溶性淀粉（0.5g），加水（5ml）调成糊状后，再加入沸水 100ml 和防腐剂（碘化汞）0.02g，并煮沸，持续 2～3 分钟，待溶液变成透明后冷却，此溶液需现用现配。

（3）10%碘化钾溶液：称取 10g 碘化钾，用蒸馏水溶解并定容至 100ml。

（4）冰醋酸。

4. 实验方法

（1）1%漂白粉混悬液的配制：取漂粉精片 1 片，于托盘天平上称量，记录质量 *M*（g）。然后置于研钵内磨碎，加少量蒸馏水磨成糊状，再加蒸馏水使成悬浮液，随后将悬浮液倾入 100ml 量筒中，用蒸馏水冲洗研钵 3 次，并将冲洗液合并于量筒内，最后补充蒸馏水至 1%浓度时溶液总体积标线，摇匀。注：用前应重新摇匀，使其成混悬液。

（2）向 250ml 碘量瓶中加 10% KI 溶液 5ml 及 80ml 蒸馏水，再加入 2ml 冰醋酸。

（3）用移液管从量筒中取 10.0ml 1%漂白粉混悬液，放入 250ml 碘量瓶中。此时立即产生棕色，振荡均匀后，静置 5 分钟。

（4）于滴定管中加入 0.7%硫代硫酸钠溶液后，需不断振荡碘量瓶，观察溶液变成淡黄色后，加入淀粉溶液 1ml，持续滴定溶液，直至蓝色刚褪去时记录用量 *V*（ml）。

（5）计算

$$\text{有效氯}（Cl_2\%）=\frac{\dfrac{V\times 0.007}{248}\times\dfrac{71}{2}}{10\times 0.001}\times 100\%$$

式中：*V*：0.7%硫代硫酸钠溶液用量（ml）。

滴定时所使用的硫代硫酸钠的毫升数，即为该种漂白粉所含有效氯的百分数。

5. 注意事项

（1）应用蒸馏水充分洗涤配制漂白粉混悬液的研钵，以保证漂白粉完全转移。

（2）使用硫代硫酸钠滴定时，当滴定至溶液变浅黄色时应将速度减慢，以防滴过终点。

（徐兰兰）

实验十一　大气中氮氧化物的测定

【实验目的】

通过本实验，学生应掌握大气采样器的使用方法，并学会盐酸萘乙二胺法测定氮氧化物的方法及原理。培养学生动手能力、创新能力和团队协作能力，提升学生环保意识。

【实验属性】

基础验证性实验。

【实验内容】

（一）实验原理

在三氧化铬作用下氮氧化物可被氧化为 NO_2，NO_2 在吸收液中遇水则生成 HNO_2，HNO_2 与对氨基苯磺酸起重氮化反应，反应产物与盐酸萘乙二胺生成玫瑰红色偶氮化合物，其颜色深浅可直接反映氮氧化物的浓度（两者呈线性关系），因此可以进行比色定量，最大吸收波长 λ=540nm。

$$2NO_2+H_2O \rightleftharpoons HNO_2+HNO_3 \tag{1}$$

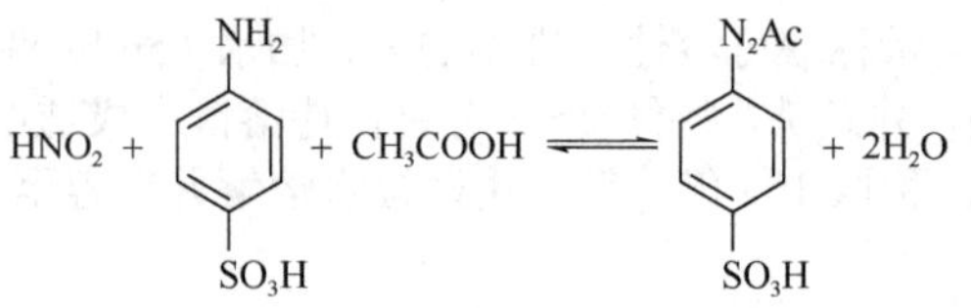

（2）

（对氨基苯磺酸）

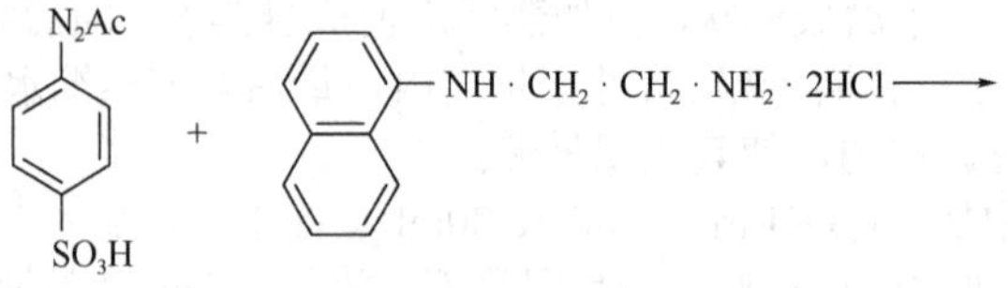

（盐酸萘乙二胺）

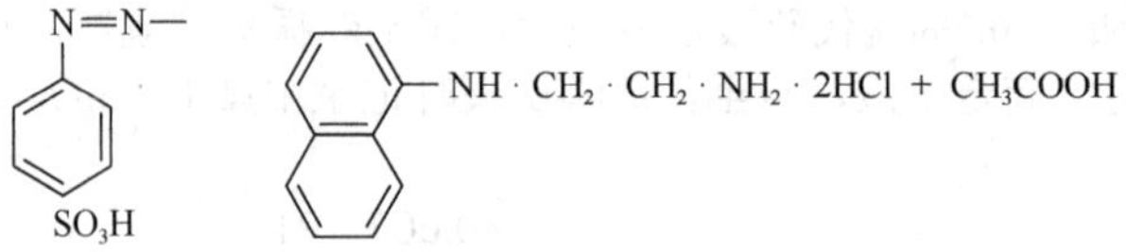

（3）

（玫瑰红色偶氮染料）

检出下限为0.25μg/5ml

（二）实验仪器

空气采样器；多孔玻板吸收管或U形多孔玻板吸收管，流量范围0～1L/min；分光光度计及1cm比色杯；10ml具塞比色管。

（三）试剂

1. 吸收液 在1000ml容量瓶放置预先称取好的5g对氨基苯磺酸，将50ml冰醋酸和900ml水混匀，倒入容量瓶中，盖塞，摇匀，静置片刻，待溶解完全后，加入盐酸萘乙二胺0.05g，使其完全溶解，用水定容至刻度线，吸收原液配制完成，将其转移至棕色瓶中，并密封瓶口（防止空气与吸收液接触），此溶液应置于冰箱内保存，最长可保存两个月。采样时吸收液的配比为水∶吸收原液=1∶4。

2. 氧化管 氧化管内部装有由海砂和三氧化铬组成的氧化剂。

3. 亚硝酸钠标准贮备液 配制亚硝酸钠标准贮备液前，预先将$NaNO_2$在干燥器内放置24小时以上，称取0.1500g粒状$NaNO_2$，将其溶解于水，并用容量瓶定容到1000ml，将此标准液储存于棕色瓶内，保存于冰箱（可保存3个月），此标准液每毫升含100.0μg NO_2。

4. 亚硝酸钠标准溶液 吸取亚硝酸钠标准贮备液5ml于100ml容量瓶中，用水定容至100ml标线。此标准液每毫升含5.0μg NO_2^-。

（四）操作步骤

1. 采样 将5ml吸收液移入多孔玻板吸收管内，在进气口接上氧化管，为避免湿空气将三氧化铬弄湿污染多孔玻板吸收管内的吸收液，应使管口略微向下倾斜，大气采样器与吸收管的出气口连接（注意不要与进气口连接，否则导致吸收液倒流入大气采样器中）。采样流量为0.5L/min，采样过程中注意避光，吸收液呈微红色时记录采样时间，将采样管密封，及时将样品送回实验室测定。假如吸收液没有变色，采样时间应延长，采样量应多于5L。采样时，注意测定采样现场的大气压力和温度，并做好记录。

2. 分析步骤

（1）绘制标准曲线：按表11-1制备标准色列管。

表 11-1　标准色列管的制备

管号	0	1	2	3	4	5	6
标准溶液（ml）	0.00	0.05	0.10	0.20	0.30	0.50	0.70
水（ml）	1.00	0.95	0.90	0.80	0.70	0.50	0.30
吸收原液（ml）	4.00	4.00	4.00	4.00	4.00	4.00	4.00
NO_2^-（μg）	0.00	0.25	0.50	1.00	1.50	2.50	3.50

将上述溶液混匀，于避光处放置 15 分钟，以水为参比，在 540nm 波长下，用 1cm 比色杯测定溶液吸光度。绘制标准曲线时以相应的标准溶液中 NO_2^- 含量（μg）为横坐标，以吸光度为纵坐标。

（2）样品测定：采样结束后，将吸收液轻轻转移至比色管中，使用分光光度计测定吸收液的吸光度。通过查标准曲线，得 NO_2^- 质量（μg）。

3. 计算　根据 NO_2^- 质量和采气体积，按下式计算 NO_2^- 含量。

$$c = \frac{a}{V_0 \times 0.76}$$

式中：c：氮氧化物（以 NO_2 计）浓度，（mg/m^3）。

a：NO_2^- 质量（μg）。

V_0：换算成标准状态下的采气体积（L）。

0.76：NO_2（气）转换成 NO_2^-（液）的系数。

（五）注意事项

（1）本法又称格里斯-萨尔茨曼（Griess-Saltzman）法。灵敏、准确、操作简便、呈色稳定，故为国内外普遍采用。

（2）吸收液不能长时暴露于空气中，且应避光储存，以避免光照时吸收液显色，以及防止其吸收空气中的氮氧化物而导致试管空白值增加。

（3）采样前吸收液应无色，如有微红色，则可能被亚硝酸根污染。

（4）氧化管的适宜使用条件为相对湿度 30%～70%。当空气湿度＜30%时，则事先用经过水面的潮湿空气通过氧化管后再继续使用，平衡 1 小时；当空气相对湿度＞70%时，应勤换氧化管。在使用氧化管时，应经常注意其是否吸湿引起变色（通常变为绿色），或者引起板结。如变成绿色，则显示氧化管已失效；如发生板结，则会增大采样系统的阻力，从而影响流量。

（5）样品不可使用的情况为：溶液呈棕黄色，表明此时吸收液受到三氧化铬的污染。

（6）当 SO_2 的浓度比氧化氮高时，可使显色强度下降。为了防止 SO_2 干扰，可在吸收液中加 1 滴 1%过氧化氢，使其变成 SO_3，可消除其影响。

（7）NO 不被吸收液吸收显色，因而需将 NO 氧化成 NO_2。氧化方法不一，本法采用三氧化铬氧化管能将 NO 定量氧化成 NO_2，而又不吸附 NO_2。NO_2 可被酸性高锰酸钾氧化管明显吸附，故测定大气中低浓度 NO_x 时结果偏低。

（8）本法测定的是 NO_2^- 的含量。但由液态的 NO_2^- 换算为气态的 NO_2^- 的转换系数最小值为 0.5，最大值可达到 1，因 NO_2 气体较活泼，用静态法配制已知浓度的标准气体较难。除此以外，还与吸收液的成分、显色反应条件和吸收率有关。中国预防医学科学院应用渗透管配制标准 NO_2 气体，测得转换系数为 0.766±0.019。此数值与国外用渗透管法配气测得的 0.764±0.005 一致。因此建议采用 0.76 为转换系数。

（9）当 NO_2^- 含量＞35μg/5ml 时，标准曲线略有反转。

（10）吸收液显色后可稳定 6 小时，24 小时内变化甚微。

（徐兰兰）

实验十二　职业性铅中毒综合实验

【实验目的】

明确职业性铅中毒的机制、诊断、治疗及处理原则；确定职业接触限值的内涵和应用；根据公共卫生执业医师考核要求能操作完成空气样品的采集。能正确实施化学性有害因素的职业环境检测和生物监测，提高职业性危害现场处理能力及职业性危害预防能力。树立以预防为主的思想观念；树立实事求是、严谨的工作态度；养成发现问题、独立思考的习惯。

【实验属性】

综合设计性实验。

【实验内容】

（一）案例分析

患者孙某，于2010年8月出现头晕、腹部不适，后因出现便血等症状于月底到某县医院治疗。县医院根据症状诊断为“上消化道溃疡，出血”，并按照诊断进行对症治疗，情况好转后出院。9月底因再次出现便血、腹痛等症状入院。入院时孙某面色苍白，并主诉腹痛、腹胀、恶心呕吐、粪便呈现黑色。孙某检查结果显示贫血，血红蛋白87mg/L，肝脾肾B超、胃镜未见明显异常。于2010年10月到市第一人民医院就诊。

问题讨论：

1. 如果你是临床医生，在问诊时要问哪些内容？
2. 如果你是临床医生，怀疑患者所患疾病是职业病，要做什么？
3. 什么是职业病？职业病的特点是什么？

2010年10月，市卫生监督部门接到市第一人民医院的报告，称该院消化内科收治的一位患者具有贫血、便血、腹绞痛等症状，可能与患者工作有关。接到报告后，卫生监督及市疾病预防控制中心人员前往医院进行调查核实。对患者尿样检测，尿铅含量为2.39μmol/L。经驱铅治疗后，该患者症状减轻，驱铅治疗24小时后尿铅含量分别为3.82μmol/L、5.26μmol/L、5.55μmol/L，排铅效果明显。

问题讨论：

4. 根据目前资料，能否确定该病是职业性铅中毒？为什么？

职业史调查：经对患者孙某的询问得知，患者孙某于2010年进入某蓄电池厂工作，此前无其他任何工作经历。孙某入厂时未进行健康检查和签订劳动合同。工作的主要内容为焊接断格极板作业，具体包括将损坏的电瓶铅条断裂处用氧乙炔融化连接，再将单元构件焊接后组装成电瓶。在工作过程中会接触到铅烟、铅尘等职业危险因素。每天工作时间长达9小时。该蓄电池厂给患者孙某配备纱布口罩，但孙某经常不戴。后孙某因身体原因于2010年8月申请离职。

工作现场调查：该企业工艺流程为废蓄电池破碎、拆解、清洗→脱硫制硫酸钠→熔炼制取粗铅→精炼制取铅产品。生产原料主要有铅锭、无水硫酸钠等。主要职业性有害因素为铅烟、铅尘、硫酸、二氧化硫、一氧化碳、噪声、高温等。对5个岗位的铅尘、铅烟浓度进行检测，有3个铅尘和4个铅烟作业岗位检测结果超过职业接触限值（分别超标30倍和522倍）。煤尘、硫酸、二氧化硫、一氧化碳检测结果未超标。对9个岗位进行噪声个体检测，40小时等效声级在78.9～88.3dB（A），其中合金生产车间操作工和设备巡检员噪声强度超过职业接触限制。

现场防尘防毒设施：采用自动湿法破碎分选工艺，同时安装负压风机。降噪措施：采用自动拆解破碎设备，减少工人接触噪声的时间；鼓风炉安装消声器；通风风机独立设置在车间外并设有隔声罩。

问题讨论：

5. 该公司职工接触的职业性有害因素分别属于哪一类？其中对工人危害最大的是哪种有害因素？

6. 铅中毒的临床表现是什么？解毒药物是什么？

7. 该公司还可采取哪些措施预防铅中毒的发生？

在现场调查同时，对 234 名工人进行职业健康检查，发现 45 人血铅超过职业接触生物限值水平（>2.0μmol/L），其中 12 人血铅水平达到诊断值水平（>2.9μmol/L）。

问题讨论：

8. 职业性慢性铅中毒的诊断标准是什么？

9. 铅的职业接触限值要求是什么？职业生物接触限值要求是什么？

10. 如何进行铅作业场所的环境监测？

11. 如何进行铅的生物监测？

（二）铅作业场所职业环境监测

职业环境监测是指对劳动者作业环境进行计划、系统的检测，并针对工作环境中所存在的有害物的性质、强度及其时间、空间分布和消长规律进行分析评价。通过职业环境监测可及时发现职业性有害因素，评价工作环境的卫生质量，评判是否符合职业卫生标准要求，也可评估作业者的接触水平，为职业危害定性、定量评价提供科学技术依据。

1. 职业性有害物质定点采样（职业接触限值为时间加权平均容许浓度） 根据工作环境空气中有害物质分布情况，以及所用采样仪器的性能，可选择个体采样或定点采样，长时间采样或短时间采样方法。

1）劳动者在一个工作地点工作时采样方法

a. 长时间采样方法：有代表性或空气中有害物质浓度最高的工作地点作为重点采样点。在劳动者工作时，将空气收集器的进气口安装在呼吸带高度。采样设备能够满足整个工作日连续一次性采样时，可按公式（1）计算空气中有害物质 8 小时时间加权平均容许浓度。

$$C_{\mathrm{TWA}}=\frac{C\cdot V}{F\cdot 480}\times 1000 \qquad (1)$$

式中：C_{TWA}：时间加权平均容许浓度（mg/m^3）；

C：测得的样品溶液中有害物质的浓度（μg/ml）；

V：样品溶液的总体积（ml）；

F：采样流量（ml/min）；

480：时间加权平均容许浓度规定的以 8 小时计（min）。

当采样设备不能够满足整个工作日连续一次性采样时，应当根据采样设备的采样时间，在整个工作日内需要进行 2 次或超过 2 次的采样，此种情况下按公式（2）计算空气中有害物质 8 小时时间加权平均容许浓度。

$$C_{\mathrm{TWA}}=\frac{C_1T_1+C_2T_2+\cdots+C_nT_n}{8} \qquad (2)$$

式中：C_{TWA}：时间加权平均容许浓度（mg/m^3）。

C_1、C_2、C_n：测得空气中有害物质浓度（mg/m^3）。

T_1、T_2、T_n：劳动者在相应的有害物质浓度下的工作时间（小时）。

8：时间加权平均容许浓度规定的 8 小时。

b. 短时间采样方法：重点采样点为有代表性或空气中有害物质浓度最高的工作地点。在劳动者工作时，将空气收集器的进气口安装在呼吸带高度。分别在空气中有害物质的不同浓度时段进行采样，每时段采样时间一般为 15 分钟，同时记录每个采样时段劳动者的工作时间。按公式（2）计算空气中有害物质 8 小时时间加权平均容许浓度。

2）劳动者在一个以上工作地点工作或移动工作时采样：在劳动者的每个工作地点或移动范围内设立采样点，分别进行采样，并记录每个采样点劳动者的工作时间。

在每个采样点，应在劳动者工作时，空气中有害物质浓度最高的时段进行采样；将空气收集器的进气口尽量安装在劳动者工作时的呼吸带；每次采样时间一般为15分钟；空气中有害物质8小时时间加权平均容许浓度按公式（2）计算。

3）采集空气样品的注意事项

a. 在采样的同时应将空气收集器带至采样点，除不连接空气采样器采集空气样品外，其余操作同样品，作为样品的空白对照。

b. 用无泵型采样器采样时应避免风扇等直吹。

c. 采样过程中应保持采样流量稳定。长时间采样时应记录采样前后的流量，计算时用流量均值。

d. 工作场所空气样品的采样体积，在采样点如果温度＜5℃和＞35℃、大气压＜98.8kPa 和＞103.4kPa时，应按下式将采样体积换算成标准采样体积。

标准采样体积（standard sample volume）指在气温为20℃，大气压为101.3 kPa（760mmHg）下，采集空气样品的体积，以L表示。

换算公式为：

$$V_0 = V_t \times \frac{293}{273+t} \times \frac{P}{101.3} \tag{3}$$

式中：V_0：标准采样体积（L）。

V_t：在温度为t℃，大气压为P时的采样体积（L）。

t：采样点的气温（℃）。

P：采样点的大气压（kPa）。

e. 在样品的采集、运输和保存的过程中，应注意防止样品的污染。

f. 采样时，采样人员应注意个体防护。

g. 采样时，应在专用的采样记录表上，边采样边记录。

2. 工作场所空气铅及其化合物测定——酸消解-火焰原子吸收光谱法

（1）实验原理：空气中含铅及铅化合物的铅烟、铅尘用粉尘采样器采集，经高氯酸与硝酸配制的消解液消解后，用乙炔-空气火焰原子吸收分光光度计283.3nm波长下测定吸光度进行定量。

（2）仪器：微孔滤膜，孔径 0.8μm；采样夹，滤料直径为 37mm 或 40mm；粉尘采样器，流量范围为0～10L/min；烧杯，50ml；控温电热器；具塞刻度试管，5ml；容量瓶，50ml；原子吸收分光光度计，具乙炔-空气火焰燃烧器和铅空心阴极灯。

（3）试剂

a. 实验用水为去离子水，所用高氯酸与硝酸为优级纯。

b. 消解液：1体积高氯酸（ρ_{20}=1.67g/ml）与9体积硝酸（ρ_{20}=1.42g/ml）混合。

c. 硝酸溶液，1%（体积分数）。

d. 标准溶液：用③硝酸溶液稀释铅标准溶液成100.0μg/ml标准应用液。

（4）实验步骤

1）样品采集：采用短时间采样方法。到达采样点，用装好微孔滤膜的大采样夹采集空气样品，（流量5.0L/min，采样时间15分钟）。采样时间到，用镊子取出微孔滤膜，将接尘面朝里对折两次后放入清洁的塑料袋中。在采样点还需做样品空白（除不连接粉尘采样器外，其余操作同样品）。

2）样品处理：将采样后的微孔滤膜放入烧杯中，加入5ml消解液后盖上表面皿，在控温电热器上（约200℃）进行消解，直至溶液近乎变干。取下待冷后，用硝酸溶液将残液转移至具塞刻度试管中，并稀释至5.0ml。若样品溶液中铅浓度超过测定范围，先用1%硝酸溶液稀释，然后进行测定，计算时需乘以稀释倍数。

3）标准曲线的制备：取7支50ml容量瓶，分别加入0.0ml、0.5ml、1.0ml、2.5ml、5.0ml、7.5ml、10.0ml 铅标准应用液，并使用硝酸溶液定容，配制成 0.0μg/ml、1.0μg/ml、2.0μg/ml、5.0μg/ml、10.0μg/ml、15.0μg/ml、20.0μg/ml浓度的铅标准系列。将原子吸收分光光度计调节至最佳测定状态，波长设定 283.3nm，用乙炔-空气燃气火焰分别测定标准系列的吸光度。按照所测吸光度值对相应的铅浓度（μg/ml）绘制标准曲线或计算回归方程（相关系数应≥0.999）。

4）样品测定：用步骤 3）中原子吸收分光光度计的操作条件测定样品溶液和样品空白溶液，并根据测得的吸光度值由标准曲线或回归方程计算出样品溶液中铅的浓度（μg/ml）。

5）计算

a. 按照公式（3）的方法和要求将采样体积换算成标准采样体积。

b. 计算空气中铅的浓度：$C=\dfrac{5C_0}{V_0}$

式中：C：空气中铅的浓度（mg/m^3）。

5：样品溶液的体积（ml）。

C_0：测得的样品溶液中铅的浓度（减去样品空白）（μg/ml）。

V_0：标准采样体积（L）。

c. 时间加权平均容许浓度（C_{TWA}）按公式（1）和公式（2）规定计算。

6）注意事项

a. 该方法检出限为 0.06μg/ml，定量下限为 0.2μg/ml，定量线性检测范围为 0.2～20μg/ml。

b. 在使用微孔滤膜前应测其空白。若空白高，可用硝酸溶液洗涤、晾干后使用。

c. 本法所测为总铅。

d. 样品也可采用微波消解法。

e. 样品溶液中含有 100μg/ml Sn^{4+}或 Zn^{2+}会产生一定的正干扰；在微酸性溶液中，W^{6+}也有干扰，加入酒石酸可消除。

（三）生物监测

生物监测是系统地对劳动者的血液、尿等生物材料中的化学物质或其代谢产物的含量（浓度），或由其所致的无害生物效应水平进行的系统监测，目的是评价劳动者接触职业性有害因素的程度及可能的健康影响。铅中毒时可通过血铅、尿铅、尿中 δ-氨基-γ-酮戊酸（δ-ALA）和红细胞中游离原卟啉（FEP）的测定进行生物监测。

1. 血样的采集

（1）实验用品

1）实验用水要求应为纯水。

2）采样容器和检测器皿要求

a. 检测金属、类金属的采样容器和检测器皿，使用前应用配制好的 50%（*V*/*V*）硝酸溶液浸泡≥12 小时，再用纯水冲洗干净。

b. 按照 5%～10%的比例对同批次的采样与检测器皿进行抽检，所检测铅的浓度应低于方法检出限。

c. 根据采集全血、血浆或血清的不同要求分别选用抗凝或不抗凝的采血管。检测铅可选择肝素钠为抗凝剂的采血管。

（2）样品采集时间段：样品采集应严格按照生物接触限值规定的时间段（班前、班中、班末、工作周末）进行。血中铅及其化合物的采样时间为接触铅作业 3 周后的任意时间。

（3）血样采集方法及注意事项

1）采样前准备：应根据采样的目的制订采样计划（或方案），采样计划（或方案）应包括人员分工、实施时间、采样用容器的要求和数目等。

2）人员要求

a. 采样人员：血液样品的采集应由培训后的护士实施，采样时应佩戴工作帽、无粉乳胶手套和口罩；分装人员应戴工作帽、无粉乳胶手套、口罩和防护眼镜。

b. 采样对象：采样对象应脱离工作场所，洗净手和采样部位。

3）环境要求：生物样品采集应在干净无污染的室内场所进行，避免待测物的污染，分装地点应清洁无污染，禁止非专业人员进入。

4）样品采集

a. 基本要求：样品采集须在规定时间内进行，样品采集时应对采样对象的姓名与编号核对后实施，样品采集的同时应记录样品的信息。

b. 血液采集：采集部位进行清洗后使用不含待测物的消毒剂进行消毒，使用合格的一次性采血针，采集大于 2ml 静脉血于采血管中，采血后用干棉球压迫伤口。

采集全血样品，将大于 2ml 的血液采集到抗凝管，摇晃使血液与抗凝剂混匀，避免有凝固体形成。

采集血浆样品时，将大于 2ml 的血液采集到抗凝管，轻轻摇晃使血液与抗凝剂混匀，不要猛力振摇，避免溶血，待血浆析出后，使用离心机分离出血浆，并进行转移。已溶血的样品不再进行血浆分离。

采集血清样品时，将大于 2ml 的血液采集到无抗凝管或促凝管中，待血液凝固血清析出后，使用离心机将血浆分离并转移。已溶血的样品不再进行血清分离。

c. 样品空白：血液样品空白为用采血针模拟采集去离子水加入采血管中，在样品采集的过程中，同时制备 3 套样品空白，并与样品同时运输和储存。

5）注意事项：当待测物为易挥发性有机化合物时，样品应基本充满容器；尿液应在检测比重或肌酐后再按照标准方法要求加入防腐剂。当日样品采集完毕后应及时核对样品有关信息并检查样品性状，如有差错，及时查找原因并采取相关措施。

（4）样品运输和储存：所采集的样品按照标准方法进行储存，采集后的样品一般在低于 8℃条件下冷藏运输。在样品保存期内进行检测。

2. 红细胞中游离原卟啉（FEP）的测定 铅的毒性作用可抑制血红素合成酶，致使红细胞中游离原卟啉增高。一般正常人红细胞游离原卟啉多在 0.5mg/L 以下。故在铅接触调查和铅中毒诊断时是一项较特异的监测指标。

（1）实验原理：原卟啉为一荧光物质。用乙酸乙酯-乙酸混合液破坏红细胞，使原卟啉溶出，再用盐酸萃取溶液中的红细胞游离原卟啉，于激发光 403nm、发射光 605nm 处显示其荧光谱峰，并可根据荧光强度进行定量。

（2）仪器：荧光光度计；漩涡混匀器；离心机；10ml 具塞试管；10ml 试管；1ml 吸量管；5ml 吸量管；容量瓶；称量瓶。

（3）试剂

1）生理盐水。

2）0.5mol/L 盐酸溶液。

3）2.5%硅藻土生理盐水悬浮液。

4）乙酸乙酯-乙酸混合液（4∶1 容积比）。

5）原卟啉标准液

a. 贮备液：精确称取原卟啉 0.5mg，加浓盐酸 1.2～1.3ml，待原卟啉溶解后，转入 10ml 容量瓶中，用蒸馏水稀释至刻度。此溶液 1ml≈50μg 原卟啉。

b. 应用液：取贮备液 0.1ml 置于 50ml 容量瓶中，用 4∶1 的乙酸乙酯-乙酸混合液稀释至刻度。此溶液的 1ml 相当于 0.1μg 原卟啉。

（4）实验步骤：取 10ml 小试管 3 支，按表 12-1 操作。

表 12-1 实验操作步骤

试剂	空白管	测定管	标准管
生理盐水（ml）	0.1	0.1	0.1
血液（μl）	—	20	—
原卟啉应用液（ml）	—	—	0.5

续表

试剂	空白管	测定管	标准管
乙酸乙酯-乙酸混合液（ml）	1.0	1.0	0.5
混合均匀			
2.5%硅藻土生理盐水悬浮液（ml）	0.15	0.15	0.15
乙酸乙酯-乙酸混合液（ml）	3.0	3.0	3.0

各管分别置旋涡混匀器上混合10～15秒（或振摇30秒），于2500r/min离心15分钟，将各管上清液分别吸入至10ml具塞试管中，各加0.5mol/L盐酸溶液4ml，于旋涡混匀器上混合20～30秒（或振摇3分钟），待分层后，取下层盐酸，在30分钟内置于荧光分光光度计上进行荧光测定。

（5）计算：

$$\text{FEP（mg / L）}=\frac{\text{测定管读数}-\text{空白管读数}}{\text{标准管读数}-\text{空白管读数}}\times\frac{0.05}{0.02}$$

（6）注意事项

1）所需玻璃器皿均需经清洁液浸泡过，肥皂粉影响测定结果。

2）使用过的比色皿，或高浓度FEP样品后，均须用0.5mol/L盐酸溶液洗涤至比色皿读数不高于原空白时所得的读数时方可使用。

3）称取原卟啉标准品往往不易恰好称到0.5mg，可根据实际称取量计算，并稀释到所需浓度。

4）本测定方法原卟啉标准液浓度在0.01～0.1μg/ml范围内与荧光强度呈线性关系，故可用直接比较法，也可用标准曲线法。

（李　宁）

参 考 文 献

中华人民共和国国家卫生和计划生育委员会, 2017. 职业人群生物监测方法总则: GBZ/T 295-2017[S]. 北京: 人民卫生出版社.

中华人民共和国国家卫生和计划生育委员会, 2018. 工作场所空气有毒物质测定第15部分: 铅及其化合物: GBZ/T 300.15-2017[S].北京: 中国标准出版社.

中华人民共和国卫生部, 2004.工作场所空气中有害物质监测的采样规范: GBZ 159-2004[S]. 北京: 人民卫生出版社.

实验十三　作业场所粉尘的测量与评价

【实验目的】

掌握粉尘作业人员的职业健康监护内容、粉尘现场采样和浓度测定的基本方法，熟悉粉尘分散度及粉尘中游离二氧化硅的测定原理及方法，了解职业环境中粉尘测定的卫生学意义，在实验操作过程中，引导学生关注生产性粉尘所导致的职业危害，激励学生树立为人民服务的意识，积极关注劳动者作业环境和身体健康，培养学生的动手能力和解决问题的能力，提升学生的职业素养和综合素质。

【实验属性】

基础验证性实验。

【实验内容】

作业场所粉尘的测量内容包括粉尘的现场采集及样品的实验室检测分析。实验室检测分析的主要内容包括测定总粉尘浓度、呼吸性粉尘浓度、粉尘分散度及粉尘中游离二氧化硅含量，以评价粉尘的致病性和危害程度。在进行评价时，还需结合职业卫生现场调查结果、各项检测指标数据及接尘作业人员的职业健康监护档案对作业场所中的粉尘生成情况及防尘措施的效果进行全面评价。

（一）总粉尘浓度的测定

1. 实验原理 使用粉尘采样器定点采集作业环境空气中的粉尘样品，采样结束后，根据滤膜增加的质量和采气量，即可计算出空气中总粉尘的浓度。

2. 实验仪器和材料

（1）粉尘采样器：采样前，应先对采样器的性能和技术指标进行检测，检查合格后方可使用。

（2）滤膜：聚氯乙烯滤膜或其他测尘滤膜。常用的粉尘采样夹一般可安装直径 40mm 和 75mm 的滤膜，需根据空气中粉尘的浓度进行选择。40mm 滤膜适用于空气中粉尘浓度≤$50mg/m^3$时，75mm 滤膜适用于浓度＞$50mg/m^3$时。

（3）感量 0.1mg 或 0.01mg 的精密分析天平。

（4）计时器。

（5）电干燥箱。

（6）除静电器。

（7）样品盒、镊子。

3. 实验步骤

（1）准备采样用滤膜：先将滤膜置于电干燥箱中内 2 小时以上对滤膜进行干燥处理。干燥完成后，用镊子取下滤膜两面的衬纸并去除滤膜表面静电，然后对滤膜进行准确称量，记录滤膜编号和质量（m_1）。打开粉尘采样器上的采样夹，将直径 40mm 的滤膜朝向进气方向装配至采样夹上，注意需保持滤膜平整，不要产生裂隙或褶皱。当使用 75mm 的滤膜时，安装前可先将滤膜折叠成漏斗状。

（2）采样：采用定点长时间的采样方式采集作业现场空气中的粉尘，采样点通常设置在具有代表性的接尘作业点，采样高度设置在工人呼吸带高度（距离地面 1.5m 处），采样流量 1～5L/min，采集时间 1～8 小时。

（3）滤膜的运输和保存：采样结束后，取出采样夹中的滤膜，小心将带有粉尘滤膜接尘面朝里对折两次，放置在洁净的采样盒中进行运输，需特别注意防止粉尘样品从滤膜脱落或污染。

（4）样品的称量：将滤膜从样品盒中取出，进行干燥和除静电后，于分析天平上对滤膜进行精确称量，记录滤膜编号和粉尘的质量（m_2）。

4. 结果计算 总粉尘浓度的计算公式如下：

$$C=\frac{m_2-m_1}{Q\times t}\times 1000$$

式中：C：总粉尘浓度（mg/m^3）。

m_1：采样前滤膜的质量（mg）。

m_2：采样后滤膜的质量（mg）。

Q：采气流量（L/min）。

t：采样时间（min）。

5. 注意事项 采样前，需根据现场空气中的粉尘浓度、采样夹的型号、采样流量及采样时间等因素，对滤膜上的总粉尘增量（Δm）进行估算，防止粉尘因过载出现脱落现象。直径 40mm 滤膜 Δm 范围为 1mg≤Δm≤10mg；75mm 滤膜 Δm 不少于 1mg。

（二）呼吸性粉尘浓度的测定

1. 实验原理 使用采样器采集一定体积的含尘空气，通过采样器上安装的预分离器，将空气中呼吸性颗粒粉尘分离出来并阻留在已知质量的滤膜上。样品采集完成后，根据滤膜增量和采气量，即可计算出空气中呼吸性粉尘的浓度。

2. 实验仪器和材料

（1）采样器：主要分为预分离器和采样器两部分。选择预分离器时，应保证其对粉尘粒子的分离性能符合呼吸性粉尘采样器的要求。在采样前，还应检测采样器的性能和技术指标是否正常，检测合格后方可使用。

（2）其他仪器和材料同（一）总粉尘浓度的测定2。

3. 实验步骤

（1）准备滤膜：对滤膜进行称量前，须先将滤膜进行干燥处理。处理完成后去除静电，然后将滤膜放在分析天平上进行准确称量，记录滤膜的编号和质量（m_1）。安装滤膜时，须保持滤膜平整，注意不要产生裂隙或褶皱。

（2）准备预分离器：应按照所使用的预分离器的要求进行安装和使用。

（3）采集粉尘样品：可采用定点长时间采样的方式采集作业现场空气中粉尘，采样点通常设置在具有代表性的接尘作业点，采样高度为在工人呼吸带高度（距离地面1.5m），采样流量1～5L/min，采集时间多为1～8小时。

（4）运输和保存粉尘样品：样品采集结束后，小心将滤膜取出，将接尘面朝里对折两次，置于洁净的采样盒中运输或保存，须注意避免粉尘脱落或污染。

（5）称量粉尘样品：首先将带有粉尘样品的滤膜进行干燥及除静电处理。处理完成后，将滤膜小心放置于分析天平上进行称量，记录滤膜编号和粉尘的总质量（m_2）。

4. 结果计算 呼吸性粉尘浓度的计算公式如下：

$$C=\frac{m_2-m_1}{Q\times t}\times 1000$$

式中：C：呼吸性粉尘浓度（mg/m^3）。

m_1：采样前滤膜的质量（mg）。

m_2：采样后滤膜的质量（mg）。

Q：采气流量（L/min）。

t：采样时间（min）。

5. 注意事项

（1）本法的最低检出浓度为$0.2mg/m^3$。

（2）采样时，要通过调整和控制采样时间，控制滤膜粉尘Δm数值符合增量要求（0.1～5mg）。

（三）粉尘分散度的测定（滤膜溶解涂片法）

1. 实验原理 粉尘的分散度是决定其危害作用的重要因素，通常以不同粒径粉尘颗粒直径的数量百分组成来表示粉尘分散度。粉尘小颗粒占比越大，表示粉尘分散度越大，粉尘粒径越小，其致病能力也越强。粉尘分散度的测定是对采集得到的粉尘样品进行实验室分析的主要项目之一，常用的方法包括滤膜溶解涂片法和自然沉降法。滤膜溶解涂片法的原理是将带有粉尘样品的过氯乙烯滤膜溶解在有机溶剂中，从而得到含有粉尘颗粒的混悬液。通过在显微镜下观察和测量粉尘颗粒的大小以及对粉尘颗粒的数量进行计数，计算得到不同大小粉尘颗粒的百分数。

2. 实验器材和试剂

（1）实验器材：滤膜，目镜测微尺，物镜测微尺，载玻片，显微镜，小烧杯（25ml），小玻璃棒，滴管。

（2）试剂：乙酸乙酯。

3. 实验步骤

（1）制备粉尘标本：从样品盒中取出带有粉尘样品的测尘滤膜，将其放入小烧杯中，使用滴管吸取1～2ml的乙酸乙酯加入到烧杯中对滤膜进行溶解，其间可使用玻璃棒进行搅拌以加快溶解。待均匀的粉尘悬浊液形成后，立即使用滴管吸取粉尘悬浊液，滴一小滴于载玻片上，使用干净载玻片将粉尘悬浊液滴进行均匀涂布。将制作完成的玻片置于室温进行自然晾干，乙酸乙酯挥发后，即可形成透明粉尘标本。贴上样本标签，并注明样品编号、采样地点和采样日期。

（2）标定目镜测微尺：首先将目镜测微尺放入目镜镜筒中，然后将物镜测微尺放置于显微镜载物台上。物镜测微尺总长度为1mm，共分为100等份刻度，刻度间距10μm。标定目镜时，须先在显微镜的低倍镜下找到物镜测微尺上的刻度，并将其移至视野的中央，然后调至高倍镜（放大倍率400～600倍）下再次进行观察，调节粗细准焦螺旋至目镜测微尺刻度线在视野中变得清晰，移动载物台，将物镜测微尺上任意一条刻度线移至与目镜测微尺上任意一条刻度线相重合，然后在视野中找到两尺刻度线重合的另外一条刻度线，分别数出两条重合刻度线之间两尺的刻度数，并进行记录，根据以下公式计算目镜测微尺每刻度之间的距离。

$$D=a/b\times 10\ (\mu m)$$

式中：D：目镜测微尺的刻度间距（μm）。

a：物镜测微尺刻度数。

b：目镜测微尺刻度数。

（3）测定粉尘分散度：将（1）中制备得到粉尘标本置于显微镜载物台上，先在低倍镜下观察，找到粉尘颗粒后切换高倍镜，使用目镜测微尺测量显微镜视野中粉尘颗粒的大小（遇粉尘颗粒长径则量长径，遇粉尘颗粒短径则量短径）。测量时，可轻轻移动载物台切换视野，连续测量至少200个粉尘颗粒的粒径并进行分组记录，最后计算各组百分数（表13-1）。

表13-1 粉尘分散度测量记录表

粒径（μm）	<2	2～	5～	≥10	总计
尘粒数（个）					
百分数（%）					

4. 注意事项

（1）实验所需器材在使用之前须清洗干净，注意避免受到粉尘污染。

（2）当出现粉尘标本尘粒密度过高时，需使用乙酸乙酯将粉尘悬浊液进行稀释后，重新制作标本。

（四）粉尘中游离二氧化硅含量的测定（焦磷酸质量法）

1. 实验原理 作业环境中粉尘的化学成分是决定其危害性和致病严重程度的重要因素之一。游离二氧化硅是导致接尘作业人员出现硅肺的主要致病因子，粉尘中游离二氧化硅的含量越高，其致肺纤维化的作用则越强，对接尘作业人员的有害作用程度也越高。在温度达到245～250℃时，粉尘中的硅酸盐及金属氧化物等成分能够溶解于焦磷酸中，而游离二氧化硅几乎不发生溶解，从而可以将其从粉尘中分离出来，通过称量分离出的游离二氧化硅的质量，可以测定其在粉尘中的含量。

2. 实验器材及试剂

（1）器材：锥形瓶（50ml），烧杯（250ml），量筒（25ml），玻璃棒，带瓷盖坩埚（25ml），坩埚钳，玻璃漏斗和漏斗架，慢速定量滤纸，300℃温度计，可调电炉，可控温高温电炉，烘箱，pH试纸，干燥器，分析天平（感量0.1mg），玛瑙乳钵，粉尘采样器，滤膜（直径75mm）。

（2）试剂：焦磷酸、硝酸铵（结晶）、盐酸溶液（0.1mol/L）、氢氟酸溶液（40%）。

3. 实验样品采集 采用大流量的采样方法，使用75mm滤膜采集约0.2g的悬浮粉尘。在采样点相当于呼吸带高度的生产设备等物体上采集约1g的沉降积尘。

4. 实验步骤

（1）将采集的粉尘样品放在烘箱（105℃）中干燥2小时，稍冷却后，储存于干燥器中。

（2）使用分析天平准确称取0.1～0.2g粉尘样品，将其放入小烧杯中，继续加入焦磷酸15ml以及硝酸铵数毫克，使用玻璃棒进行充分搅拌，使样品全部湿润后插入300℃温度计，放置在电炉上迅速加热至温度达到245～250℃，其间仍继续使用玻璃棒不断搅拌，持续15分钟。

（3）样品加热15分钟后，将锥形瓶或小烧杯从电炉上取下，在室温下冷却至40～50℃，缓慢倒入盛有 40～50ml 蒸馏水（约 80℃）的 250ml 的烧杯中，边倒边搅拌。使用热蒸馏水将温度计、玻璃棒、小烧杯等冲洗数次，将洗液一并倒入大烧杯中，使内容物最后体积达到 150～200ml。

（4）将慢速定量滤纸折叠成漏斗状，放入漏斗中并使用少量蒸馏水进行湿润。将（3）中所得的液体在电炉上加热至煮沸，稍静置，待混悬物略沉降后立即进行过滤。

（5）过滤完成后，用 0.1mol/L 的盐酸溶液洗涤烧杯，并将洗液一并转移至漏斗中，将滤纸上的沉渣冲洗 3～5 次，最后用 pH 试纸进行检验，以热蒸馏水冲洗直至滤出液无酸性反应。

（6）将带有滤渣的滤纸折叠数次后，放于已知质量的瓷坩埚中，在 80℃的烘箱中进行烘干后置于电炉上加盖炭化（稍留一条细小的缝隙）。然后放入 800～900℃高温电炉中灼烧 30 分钟后取出，置于室温下稍冷后，放入干燥器中冷却 1 小时，于天平上进行称重并记录。

5. 结果计算： 粉尘中游离二氧化硅含量计算公式如下。

$$SiO_2\text{（F）}=\frac{m_1-m_2}{G}\times 100$$

式中：SiO_2（F）：游离二氧化硅含量（%）。

m_1：坩埚质量（g）。

m_2：坩埚加残渣质量（g）。

G：粉尘样品质量（g）。

6. 注意事项

（1）焦磷酸溶解硅酸盐时，若温度过高易形成胶状物，因此需保持温度不超过 250℃。

（2）样品中含有碳酸盐时，遇酸易产生气泡，需注意缓慢加热。

（3）使用氢氟酸时，须在通风柜中进行操作。

（五）检测结果的评价

根据粉尘样品的实验室检测结果，对作业场所中粉尘的浓度、分散度及其化学成分进行准确记录，综合以上数据，评价粉尘对作业人员身体健康的严重性及危害程度，有针对性地提出控制粉尘和保护作业人员的有效措施。

（许　琪）

实验十四　鲜奶的卫生质量检验

【实验目的】

了解我国食品安全国家标准及鲜奶卫生检验的基本项目、方法、内容和判定标准；掌握鲜奶各项卫生学检验的实际意义。能够合理运用食品安全、卫生管理的知识进行食品卫生评价和管理。培养学生团队协作能力，培养学生良好的职业素养和饮食生活习惯。培养学生实事求是的科学态度和科学的思维方法。

【实验属性】

基础验证性实验。

【实验内容】

（一）鲜奶的感官检验

感官检查是鲜奶卫生检验首先进行的指标，也是日常生活中人们判定鲜奶能否食用的最常用方法。

1. 牛乳的正常感官　新鲜全脂牛乳呈不透明的白色或略带黄色，脱脂乳和掺水乳呈清白色，乳清呈半透明的黄绿色。白色：是由于酪蛋白酸钙及磷酸钙复合物的微粒子和微细的脂肪球对光线的不规则反射和折射所产生。淡黄色：来源于饲料中的胡萝卜素、叶黄素和核黄素。鲜乳具有乳香味，微甜。乳香味来自挥发性脂肪酸（乙酸、甲酸较多），加热香味变浓，冷却后减弱，长时间加热则失去香味。甜味来自乳糖。

2. 检查步骤

（1）采样：根据检验目的可直接采取瓶装成品鲜奶；也可从牛舍的奶桶中采样，这时应注意先将牛奶混匀，采样器应事先消毒。一般采样量在200～250ml。

（2）检查：将鲜奶样品摇匀后，倒入一小烧杯中（约30ml），仔细观察其外观、色泽（是否带有白色、绿色或明显的黄色）、组织状态（如是否有絮状物或凝块）；嗅其气味；且要经煮后尝其味。

3. 评价标准 依据《食品安全国家标准 生乳》（GB 19301—2010），鲜奶应在感官检查中符合以下标准。

（1）外观及色泽：正常鲜奶为乳白色或稍带微黄色的均匀胶态液体，无沉淀、无凝块、无杂质。

（2）气味与滋味：鲜奶微甜，具有新鲜牛奶所特有的香味，无异味。

（3）组织状态：呈均匀一致的胶态液体，无凝块、无沉淀、无肉眼可见异物。

（二）鲜奶比重的测定

1. 实验原理 鲜奶主要由水、脂肪、蛋白质、碳水化合物（主要是乳糖）、盐类等按一定比例构成，这些成分构成了鲜奶固有的理化性质，如鲜奶的密度、折光率等比较稳定，常将它们作为评价鲜奶卫生质量的指标。

鲜奶比重是用乳稠计（也称乳比重计）进行测定，通常使用的乳稠计有两种：20℃/4℃（即ρ_4^{20}）是20℃的牛奶质量与同体积4℃纯水的质量之比。

2. 仪器

（1）乳稠计（乳比重计）：20℃/4℃。

（2）温度计：0～100℃。

（3）250ml量筒，圆筒高度应大于乳稠计的长度，其直径大小应使在沉入乳稠计时其周边和圆筒内壁的距离不小于5mm。

3. 主要实验步骤

（1）测定样品温度：将乳样混匀，用温度计测定其温度，一般应在10～20℃。

（2）移入量筒：将乳样沿量筒壁小心倒入250ml量筒中，注意应尽量不产生泡沫，倒入量应为量筒的3/4体积为宜。

（3）读数：用手握住乳稠计（20℃/4℃）上端，小心地沉入乳样品中，并让它在样品溶液中自由浮动，但不能与玻璃量筒内壁接触，静止2～3分钟后，读出乳稠计的刻度（以液平凹线为准）。

4. 结果计算 根据乳稠计的读数和乳样温度，直接查乳温度换算表14-1，将乳稠计读数换算成20℃时的读数，再按下式计算：

$$\rho_4^{20}=1+X_1/1000$$

式中：ρ_4^{20}：样品的比重。

X_1：乳稠计读数。

5. 注意事项 鲜奶的比重一般在1.028～1.034，掺水后比重降低；脱脂或加入无脂干物质（如淀粉）后可使比重升高。如果牛奶既脱脂又加水，则比重可能无变化，这就是牛奶的“双掺假”。因此，单纯根据鲜奶比重并不能全面、准确地判定其卫生质量。为了证实是否双掺假（脱脂又加水），可以结合脂肪含量测定加以判断。

例如：

比重	含脂量%	结论
1.029～1.034	＞3.2	全乳
1.034～1.037	＜3.2	脱脂乳
1.018～1.029	＜3.2	加水乳
1.028～1.034	＜2.0	脱脂又加水乳或加淀粉又加水乳

表 14-1　乳稠计读数变为温度 20℃时的度数换算表

乳稠	鲜乳温度（℃）															
计读数	10	11	12	13	14	15	16	17	18	19	20	21	22	23	24	25
25	23.3	23.5	23.6	23.7	23.9	24.0	24.2	24.4	24.6	24.8	25	25.2	25.4	25.5	25.8	26.0
26	24.2	24.4	24.5	24.7	24.9	25.0	25.2	25.4	25.6	25.8	26	26.2	26.4	26.6	26.8	27.0
27	25.1	25.3	25.4	25.6	25.7	25.9	26.1	26.3	26.5	26.8	27	27.2	27.5	27.7	27.9	28.1
28	26.0	26.1	26.3	26.5	26.6	26.8	27.0	27.3	27.5	27.6	28	28.2	28.5	28.7	29.0	29.2
29	26.9	27.1	27.3	27.5	27.6	27.8	28.0	28.3	28.5	28.8	29	29.2	29.5	29.7	30.0	30.2
30	27.9	28.1	28.3	28.5	28.6	28.8	29.0	29.3	29.5	29.8	30	30.2	30.5	30.7	31.0	31.2
31	28.8	29.0	29.2	29.4	29.6	29.8	30.0	30.3	30.5	30.8	31	31.2	31.5	31.7	32.0	32.2
32	29.8	30.0	30.2	30.4	30.6	30.7	31.0	31.2	31.5	31.8	32	32.2	32.5	32.8	33.0	33.3
33	30.8	31.8	31.1	31.3	31.5	31.7	32.0	32.2	32.5	32.8	33	33.3	33.5	33.8	34.1	34.3
34	31.7	32.9	32.1	32.3	32.5	32.7	33.0	33.2	33.5	33.8	34	34.3	34.4	34.8	35.1	35.3
35	32.6	32.8	33.1	33.3	33.5	33.7	34.0	34.2	34.5	34.7	35	35.3	35.5	35.8	36.1	37.3
36	33.5	33.8	34.0	34.3	34.5	34.7	34.9	35.2	36.6	35.7	36	36.2	36.5	36.7	37.0	37.3

摘录自国家标准样品网-标准物质研究中心

（三）鲜奶酸度（°T）的测定

1. 实验原理　鲜奶酸度测定是检验牛奶新鲜度的一项重要指标。牛奶酸度是指中和 100ml 牛乳中的酸所消耗 0.1mol/L 氢氧化钠的 ml 数，以°T 表示。正常鲜奶的酸度为 16～18°T，当牛奶不新鲜时，细菌分解其中乳糖，生成乳酸，会使酸度升高。

2. 主要仪器和试剂

（1）0.1mol/L 氢氧化钠。

（2）1%酚酞指示剂。

（3）250ml 或 150ml 锥形瓶。

（4）10ml 或 25ml 容量吸管。

（5）50ml 或 25ml 碱性滴定管。

3. 实验步骤

（1）精确吸取匀质乳样 10ml（或 25ml）于锥形瓶中，取 2 倍体积（即 20ml 或 50ml）的中性蒸馏水（事先经加热煮沸去除 CO_2）进行稀释，再向锥形瓶中加入酚酞指示剂 3～5 滴，混匀。

（2）从碱性滴定管中缓慢滴入 0.1mol/L 氢氧化钠，边滴边摇动锥形瓶，直至出现微红色在 1 分钟内不消失为止，记录此时消耗 0.1mol/L 氢氧化钠的毫升（ml）数。

4. 结果计算

酸度（°T）=消耗 0.1mol/L 氢氧化钠的体积（ml）/样品体积（ml）×100%

（四）鲜奶脂肪测定（伊尼霍夫氏碱法）

当牛奶既脱水又脱脂（即牛奶双掺假现象）时，其比重可在正常范围内，因此必须再进行脂肪测定，来判断牛奶的卫生质量。一般牛乳脂肪含量不应低于 3%，常用的鲜奶脂肪测定方法有两种，即盖勃（Gerber）法和巴布考克（Babcock）法。

1. 实验原理　牛乳中的脂肪是以胶体状态存在，加减可使牛乳中的酪蛋白钙盐转变为可溶性的钠盐或钾盐。为了使脂肪析出更充分，可加入异戊醇-乙醇混合溶液，因为异戊醇能降低脂肪球表面张力。不可单用异戊醇，因其难溶于碱性溶液，而易溶于碱液内的乙醇混合液，因而用异戊醇-乙醇混合液。

2. 主要仪器和试剂

（1）盖勃氏乳脂计。

（2）11ml 乳吸收管。

（3）10ml 移液管。

（4）吸管 1ml。

（5）水浴箱。

（6）碱溶液：取氢氧化钠 15g 加水 150ml 使溶解，再取氯化钠 37.5g 溶解于水后，将此三液混合并加水稀释至 500ml，以脱脂棉过滤。储存于橡皮塞玻璃瓶中。

（7）异戊醇-乙醇混合液（65∶105 体积比）：异戊醇 65 份加入 95%乙醇 105 份。

3. 实验步骤

（1）取盖勃氏乳脂计，小心注入碱溶液 10ml，再沿管壁缓慢注入乳样 11ml，异戊醇-乙醇混合液 1ml，用橡皮塞塞紧。

（2）用纱布包住橡皮塞，并用橡皮筋勒紧以防塞子冲出，瓶口向下，用力振摇至产生泡沫为止。

（3）将塞口向上，放入 70～80℃水浴中加热 10 分钟，5 分钟后取出振摇一次。

（4）待 10 分钟后取出将瓶口向下，放入 70～80℃水浴中静置 10～15 分钟（时间长短取决于泡沫消失的速度）。

（5）读数：读取脂肪层读数，即为脂肪的百分数。

4. 注意事项

（1）试剂应按规定的顺序加入，即先加碱溶液，后加乳样，最后加异戊醇-乙醇混合液。

（2）脂肪读数应在 65～70℃时进行。读后迅速倒掉乳脂计中内容物，否则脂肪凝固而难以清洗。

（3）水溶液面要高于乳脂计内脂肪层。

（陈彩云）

实验十五　食用油脂的卫生质量检验

【实验目的】

熟悉油脂的卫生标准，掌握反映油脂酸败的指标。能够合理运用食品安全、卫生管理的知识进行食品卫生评价和管理。培养学生动手实践观察分析解决问题的能力，培养学生团队协作能力，培养学生良好的职业素养和饮食生活习惯。

【实验属性】

基础验证性实验。

【实验内容】

（一）感官检查

1. 主要试剂和仪器

（1）50ml 烧杯漏斗。

（2）150ml 烧杯。

（3）恒温水浴箱。

2. 操作步骤

（1）色泽：将样品混匀并过滤，然后倒入 50ml 杯中，油层高度不得小于 0.5cm，在室温下先对着自然光观察，再置于白色背景借其反射光线观察并按下列词句记述白色、灰白色、柠檬色、淡黄色、橙色、棕黄色、棕色、棕红色、棕褐色等。

（2）气味及滋味：将样品倒入 150ml 烧杯中，置于水浴上，加热至 50℃用玻璃棒迅速搅拌，嗅其气味，并蘸取少许样品，辨别品尝其滋味，然后按正常、焦糊、酸败、苦辣词记述。

（二）酸价

1. 实验原理　植物油中的游离脂酸用氢氧化钾标准液滴定，每克植物油消耗氢氧化钾的毫克数，称为酸价。

2. 仪器

（1）粗天平。

（2）滴管。

（3）50ml、100ml、250ml 量筒。

（4）100ml 锥形瓶。

（5）恒温水浴箱。

（6）100ml 碱式滴定管及滴定架。

3. 试剂

（1）酚酞指示剂、1%乙醇溶液。

（2）乙醚-乙醇混合液：按乙醚∶乙醇 2∶1 混合，用 3g/L 氢氧化钾溶液中和至对酚酞指示剂呈中性。

（3）氢氧化钾标准溶液（0.05mol/L）：在一粗天平上迅速称取 KOH 6g 于小烧杯中，加入 50～60ml 蒸馏水，使其溶解，然后在其中加入 2～3ml 10%氯化钡溶液，以沉淀碳酸盐，让其静置，使溶液澄清后移入 1000ml 容量瓶中，并用煮沸过无二氧化碳的蒸馏水稀释至刻度，精确称取约 0.15g 草酸（$H_2C_2O_4 \cdot 2H_2O$）于 70ml 蒸馏水中，加入 2～3 滴酚酞指示剂，以标准碱液滴定至淡红色，按 $\frac{H_2C_2O_4 \cdot 2H_2O}{V \times 0.06303}$ 计算氢氧化钾标准浓度。

4. 操作　精确称取 3～5g 样品（视酸价高低而增减）于 100ml 锥形瓶中，加入 50ml 中性乙醚-乙醇混合液，振摇使油溶解，必要时可置热水中，温热促其溶解，冷至室温，加入酚酞指示剂 2～3 滴以氢氧化钾标准溶液（0.05mol/L）滴定，至初现微红色，待 0.5 分钟内不褪为终点。

5. 计算

酸价：$X_1=\frac{V_1 \times C_1 \times 56.11}{m_1}$

式中：X_1：样品的酸价（mg/g）；

V_1：样品消耗氢氧化钾标准滴定溶液体积（ml）；

C_1：氢氧化钾标准滴定的实际浓度（mol/L）；

m_1：样品质量（g）。

56.11：与 1.0ml 氢氧化钾标准滴定溶液[c（KOH）=1.000mo1/L]相当的氢氧化钾毫克数。

6. 注意事项

（1）若为固体样品，可先置于 80～90℃水浴熔化混匀后取样。

（2）可用做试剂空白的方法代替用 5.6%氢氧化钾溶液中和乙醚-乙醇混合液至中性。

（三）过氧化值

1. 实验原理　油脂氧化过程中产生过氧化物，与碘化钾作用，碘被游离出，以硫代硫酸钠溶液滴定，计算含量。

2. 仪器

（1）粗天平。

（2）滴管。

（3）漏斗。

（4）250ml 碘量瓶。

（5）30ml、100ml、200ml 量筒。

（6）1ml 吸管。

（7）50ml 碱式滴定管及滴定架。

（8）50ml 棕色试剂瓶。

（9）1000ml 容量瓶。

（10）分析天平。

3. 试剂

（1）饱和碘化钾溶液：称取 14g 碘化钾，加 10ml 蒸馏水溶解，必要时微热使其溶解，冷却后储存于棕色试剂瓶中。

（2）三氯甲烷-冰醋酸混合液：量取 40ml 三氯甲烷，加 60ml 冰醋酸，混匀。

（3）硫代硫酸钠标准溶液（0.002 mo1/L）：0.1mol/L 硫代硫酸钠溶液：粗称约 25g 硫代硫酸钠 $Na_2S_2O_3 \cdot 5H_2O$ 置于 500ml 烧杯中，加 400ml 刚煮沸过的蒸馏水，至完全溶解后加入 0.05g 碳酸钠（防止溶液分解）及 0.01g 碘化汞（防止发霉），然后转入 1000ml 容量瓶，并且用刚煮沸过的蒸馏水稀释至刻度，摇匀，静置过夜或更久（8～14 天），应用前标定，用蒸馏水稀释至 0.002mo1/L。

标定：精确称取在 105℃烘干过的重铬酸钾 $K_2Cr_2O_7$ 0.10～0.12g，加入 30ml 水使其溶解，加 5ml 浓盐酸及 10ml 15%的碘化钾溶液，充分混合稀释至 200ml，用制备的硫代硫酸钠操作液滴定到呈淡黄绿色（稻草色），然后加入 5ml 0.5%淀粉溶液继续滴定到呈淡蓝色消失而变成为三价铬离子的绿色时为止。

按 $N=\dfrac{K_2Cr_2O_7}{V\times 0.04904}$ 计算硫代硫酸钠标准浓度。

（4）1%淀粉指示剂：称取可溶性淀粉 0.5g 加水 5ml，混匀，慢慢倒入 45ml 沸水中，边倒边搅拌，煮沸至成稀薄半透明液。

4. 操作步骤 精确称取混匀（必要时过滤）的样品 2.00～3.00g，于 250ml 碘量瓶中，加 30ml 三氯甲烷-冰醋酸混合液，使样品完全溶解，准确加入饱和碘化钾溶液 1.00ml，紧密塞好瓶塞盖并轻轻振摇 0.5 分钟后放暗处静置 3 分钟，再加水 100ml，摇均匀，立即用硫代硫酸钠标准溶液（0.002mo1/L）滴定至淡黄色时，加 1ml 淀粉指示剂，继续滴定至蓝色消失为终点，同时取相同量三氯甲烷-冰醋酸混合液、碘化钾溶液、水，按同一方法，做试剂空白滴定。

5. 计算

过氧化值：$X=\dfrac{(V_1-V_2)\times C\times 0.1269}{m}\times 100\%$

式中：X：样品的过氧化值（g/100g）。

V_1：样品消耗硫酸钠标准溶液的体积（ml）。

V_2：试剂空白消耗硫代硫酸钠标准溶液的体积（ml）。

C：硫代硫酸钠标准滴定溶液的浓度（mol/L）。

m：样品质量（g）。

0.1269：与 1.00ml 硫代硫酸钠标准滴定溶液[c（$Na_2S_2O_3$）=1.000mol/L]相当的碘的质量（g）。

6. 注意事项

（1）1%淀粉指示剂临用时配制。

（2）加 1ml 淀粉指示剂前用硫代硫酸钠标准溶液滴定样液至淡黄色时，要注意观察，区别底层油色，以免滴过量影响终点出现。

（3）滴定时要充分振摇，使反应完全进行。

（宓 伟）

实验十六 食品中亚硝酸盐含量的测定

【实验目的】

熟悉食品中亚硝酸盐含量的安全标准，掌握食品中亚硝酸盐含量测定的基本方法。通过此实验引导学生对发生的食品安全事件深入讨论，利用学生所学知识对出现的食品安全问题客观分析、具备融会贯通、学以致用的思维能力，培养职业责任感，加强食品安全监督管理。

【实验属性】

基础验证性实验。

【实验内容】

（一）实验原理

样品经沉淀蛋白质、除去脂肪后，在弱酸条件下亚硝酸盐与对氨基苯磺酸重氮化后，再与*N*-1-萘基乙二胺偶合形成紫红色染料，与标准比较定量。

（二）格里斯试剂比色法检测食品中亚硝酸盐含量

1. 试剂 实验用水为蒸馏水，试剂不加说明者，均为分析纯试剂。

（1）氯化铵缓冲液：1L 容量瓶中加入 500ml 水，准确加入 20ml 盐酸，振荡混匀，准确加入 50ml 氢氧化铵，用水稀释至刻度。必要时用稀盐酸和稀氢氧化铵调试至 pH=9.6～9.7。

（2）硫酸锌溶液（0.42mol/L）：称取 120g 硫酸锌（$ZnSO_4 \cdot 7H_2O$），用水溶解，并稀释至 1000ml。

（3）氢氧化钠溶液（20g/L）：称取 20g 氢氧化钠用水溶解，稀释至 1L。

（4）对氨基苯磺酸溶液：称取 10g 对氨基苯磺酸，溶于 700ml 水和 300ml 冰醋酸中，置棕色瓶中混匀，室温保存。

（5）*N*-1-萘基乙二胺溶液（1g/L）：称取 0.1g *N*-1-萘基乙二胺，加 60% 乙酸溶解并稀释至 100ml，混匀后，置棕色瓶中，在冰箱中保存，一周内稳定。

（6）显色剂：临用前将 *N*-1-萘基乙二胺溶液（1g/L）和对氨基苯磺酸溶液等体积混合。

（7）亚硝酸钠的标准溶液：准确称取 250mg 于硅胶干燥器中干燥 24 小时的亚硝酸钠，加水溶解移入 500ml 容量瓶中，加 100ml 氯化铵缓冲液，加水稀释至刻度，混匀，在 4℃避光保存。此溶液每 1ml 相当于 500μg 的亚硝酸钠。

（8）亚硝酸钠标准使用液：临用前，吸取亚硝酸钠标准溶液 1ml，置于 100ml 容量瓶中，加水稀释至刻度，此溶液每 1ml 相当于 5μg 亚硝酸钠。

2. 仪器

（1）小型粉碎机。

（2）722 型分光光度计。

3. 实验步骤

（1）样品处理：称取约 10g（粮食取 5g）经绞碎混匀样品，置于粉碎机中，加 70ml 水和 12ml 氢氧化钠溶液（20g/L），混匀，用氢氧化钠溶液（20g/L）调样品 pH=8，定量转移至 200ml 容量瓶中加 10ml 硫酸锌溶液，混匀，如不产生白色沉淀，再补加 2～5ml 氢氧化钠，混匀。置 60℃水浴中加热 10 分钟，取出后冷至室温，加水至刻度，混匀。放置 0.5 小时，用滤纸过滤，弃去初滤液 20ml，收集滤液备用。

（2）测定：亚硝酸盐标准曲线的制备：吸取 0.0ml、0.5ml、1.0ml、2.0ml、3.0ml、4.0ml、5.0ml 亚硝酸钠标准使用液（相当于 0.0μg、2.5μg、5.0μg、10.0μg、15.0μg、20.0μg、25.0μg 亚硝酸钠），分别置于 25ml 带塞比色管中。于标准管中分别加入 4.5ml 氯化铵缓冲液，加 2.5ml 60%乙酸后立即加入 5ml 显色剂，加水至刻度，混匀，在暗处静置 25 分钟，用 1cm 比色杯（灵敏度低时可换 2cm 比色杯），以零管调节零点，于波长 550nm 处测吸光度，绘制标准曲线。

低含量样品以制备低含量标准曲线计算，标准系列为：吸取 0.0ml、0.4ml、0.8ml、1.2ml、1.6ml、2.0ml 亚硝酸钠标准使用液（相当于 0.0μg、2.0μg、4.0μg、6.0μg、8.0μg、10.0μg 亚硝酸钠）。

样品测定：吸取 10ml 上述滤液（样品处理滤液）于 25ml 带塞比色管中，自上述“于标准管中分别加入 4.5ml 氯化铵缓冲液”起依法操作。同时做试剂空白。

4. 计算

$$X_1 = \frac{m_2 \times 1000}{m_1 \times \frac{V_2}{V_1} \times 1000}$$

式中：X_1：样品中亚硝酸盐的含量（mg/kg）。

m_1：样品质量（g）。

m_2：测定用样液中亚硝酸盐的质量（μg）。

V_1：样品处理液总体积（ml）。

V_2：测定用样液体积（ml）。

（宓 伟）

实验十七 食物中毒调查处理

【实验目的】

了解食物中毒的概念，掌握食物中毒的诊断标准，熟悉各种食物中毒的潜伏期以及所有的临床表现；在此基础上，重点掌握食物调查与处理工作的内容及方法。能够合理地运用与食物中毒相关的法律法规处理各种食物中毒事件。培养学生团队协作能力，培养学生实事求是、治学严谨的科研态度。

【实验属性】

综合设计性实验。

【实验内容】

食物中毒调查与处理要根据《中华人民共和国食品安全法》《食物中毒诊断标准及技术处理总则》和《食物中毒调查报告方法》，以及相关条例、法规和地方性相关规定等实施。主要是确定情况、正确诊断、处理患者、调查原因、处置食物，对肇事人员（法人）进行或协助进行卫生的、行政的和法制的善后处理。

食物中毒调查处理的原则要求一是提高工作方法的科学性，即一切结论、结果都是翔实的，有充分的科学依据的；二是工作合法性，即一切调查处理工作都是有法律根据的，即在国家有关法律、法规、条例规定之内，开展调查处理工作；三是工作的有效性，即切实解决必须回答的问题。

（一）案例分析

某年 7 月 8 日 20:30 左右，地处我国中南部的某中等城市中心医院肠道门诊在数小时内连续接诊 30 多人，患者都说不舒服，主要是恶心、呕吐、脐上部阵发性绞痛、腹泻等。

1. 医院门诊的医师应该考虑可能出现了什么问题？应如何处置？

2. 如果怀疑是食物中毒，应该根据什么予以诊断？准备问诊哪些项目？下一步应该做哪些工作？

该中心医院肠道门诊部于当晚 21:30 左右向市卫生监督局电话报告，当班人员早在晚间 21:00 相继收到市区几家大型医院门诊的电话报告，随后将此情况报告相关领导，并要求各医院的门诊医师详细了解患者的主要临床症状和近几日的进餐情况，以便为下一步的调查工作打好基础。

经过门诊医师询问患者和护送患者的知情家属后，CDC 汇总患者共有 269 名均有腹痛、腹泻症状，有恶心者 225 人，占 83.6%；呕吐者 194 人，占 72.2%；腹痛多为阵发性疼痛或绞榨样痛，部位在上腹部或脐周围，腹泻多为淡血水样便，腹泻最多 10 次，最少 2 次。个别患者有脓血便，少数患者诉说有里急后重，除了恶心、呕吐外，部分患者还有畏寒、发热 38℃有 71 人，占 26.4%，并有乏力、脱水等表现，个别患者出现休克、酸中毒、肌肉痉挛等。经询问所有患者得知，他们均于当天下午 18:00 许在城区的某酒店参加亲友的结婚宴席，该宴席中等规模，宾客共有 300 余人。

3. 根据临床医师所提供的以上情况，事发所在地的卫生监督部门进一步应该做哪些工作？

4. 他们应该请医护人员做什么？

5. 他们应该请疾控中心人员做什么？

经市卫生监督局实地调查和各家医院报告资料汇总，发现从 7 月 8 日下午 21:00 起全市公立和私立医院，共有 8 家医院报告食物中毒，患者均在上述酒店参加了宴席。共有 320 余人，其中因食物中毒在医院就诊有 269 人，罹患率为 84.1%，其中大部分患者只是进行了门诊处理后就回家休养，但是有 52 人选择留院观察、31 人住院治疗、病情危重的 20 人，有一名 62 岁的男性老者发生心肌炎，经中心医院抢救后病情好转。所有中毒患者中无一例死亡。患者年龄最大的 76 岁，最小的 10 个月。根据 269 例患者的调查，本次食物中毒的潜伏期最短为 3 小时，最长为 31 小时，平均潜伏期 10～17 小时，进餐后 4～7 小时发病达高峰，患者发病时间比较集中且无余波，个别中毒患者症状持续 7～8 天。

6. 各类食物中毒应该如何鉴别？（非细菌性食物中毒与细菌性食物中毒、暴发性肠道传染病与细菌性食物中毒）。

根据上述分析，卫生医疗部门认为该事件为食物中毒，参考实验室结果表明：

（1）患者的呕吐物、排泄物检验结果，见表 17-1。

表 17-1　患者呕吐物、排泄物检验结果

样本项目	样本数	细菌检验项目及结果	
患者粪便	78	副溶血性弧菌阳性	67 份（占 85.89%）
		变形杆菌阳性	1 份（占 1.28%）
患者呕吐物	12	副溶血性弧菌阳性	1 份（占 8.33%）

（2）健康带菌者的检查：对 9 名熟食间工作者进行了咽拭子，结果显示都为金黄色葡萄球菌阳性，7 名肠道带菌检查都为阴性，但是有 4 名熟食间工作人员在加工宴席的时候品尝了一些宴席使用的食品，在其肛拭样本中检测出来了副溶血性弧菌。

（3）砂滤水：采集了 3 份该酒店的砂滤水，均未检测出致病菌。其他的水质指标均达到了国家的卫生标准。

（4）剩余食物：采集了酒店和个别宾客带回家中的宴席剩余炒菜计 20 份，检测出副溶血性弧菌 14 份，检出率高达 70.0%，同时检测出 4 份大肠埃希菌，2 份变形杆菌。

（5）剩余生的河虾：感官检测肉质灰白，无特别异味，质量尚可，微生物检测出副溶血性弧菌；理化检验挥发性盐基总氮 20.26mg/kg。

（6）对熟食间所用工具、容器等环节采样共 26 份，分别检测出大肠埃希菌 21 份，副溶血性弧菌 5 份。

（7）血清学检测的结果：血清凝集效价显著上升，最低者 1∶160，最高者达 1∶1280。而 7 例正常的抗原对照和血清对照则全部为阴性。

（8）简易动物试验：选取从患者的呕吐物中分离出来的副溶血性弧菌菌株，制备成含菌量相当于 8×10^6 个/ml 的菌液，用小白鼠进行试验（雌雄各两组）。实验组在注射菌液 1 小时后均发病，5～6 小时相继死亡。雌性鼠组较雄性鼠组早死。而用生理盐水的对照组则无死亡。

上述样品中的副溶血性弧菌均属于同一抗原型，荚膜抗原 K_{11}，菌体抗原 O_4。

7. 该酒店本次发生的食物中毒属于何种类型的食物中毒？

8. 患者粪便中的副溶血性弧菌检出率高达 85.9%，呕吐物中的该菌却仅有 0.83%，原因何在？

9. 在发病患者中同时检出 1 例变形杆菌，你有何看法？

10. 卫生监督部门为什么要对该酒店的砂滤水和食品操作人员的健康状况进行检查？有什么卫生学意义？

11. 根据上述实验室的检查结果，你是否能够对本次食物中毒事件的病因做出诊断？并说明其理由和依据。

2006 年 7 月 8 日该酒店晚宴菜肴由鄂菜师傅掌勺。主要热菜品种有新华卤水鸭、清蒸武昌鱼、水晶虾仁藕圆等；主要冷菜品种有什锦大冷盘、凉拌三丝、凉拌凉皮等。什锦大冷盘和点心分布由熟食专间和点心间统一配置供应晚餐。结果晚上所有赴宴的顾客均发病，而发病者都食用过什锦大冷盘。有一位患者虽然没有参加晚宴，但是吃了家人从晚宴带回的剩余冷盘，结果也发病。其他没有吃的家庭成员则没有发病。其中一名发病者只吃了少量的白斩鸡肉，其余患者都吃过冷盘菜中的盐水虾，且食入多者症状较重。另有一名厨师不相信盐水虾有卫生问题，亲口品尝后身体果然出现不适。调查时大多数就餐者反映盐水虾质量太差，色泽灰黑，有异味，肉质不鲜，无弹性，壳肉粘连难以剥离。

12. 你认为该起食物中毒的可疑食品是什么？为什么其中一名患者仅品尝了少量白斩鸡肉后也出现了发病现象呢？

经过进一步现场卫生调查表明：当班的加工厨师在对盐水虾加工时，为省事，一次将 10kg 左右的虾一起倒入锅中，并未及时翻炒，造成锅底部烧糊枯焦，而上部的并没烧熟煮透，厨师发现虾烧焦后，即用冷水进行冲洗，而后用盐水浸泡虾，使之色、味改变。任何人都可以随意进出熟食加工间，专间内的卫生状况十分不佳，苍蝇乱飞，加工生食和熟食的用具和容器都没有分开，并且用来浸泡白斩鸡的水是浸泡过盐水虾的。此外，该酒店又将昨日剩下的几公斤盐水虾没有完全加热熟透的，也一起供应给顾客。

熟食间内用具、容器均未进行过定期和随时消毒，且摆放零乱。经采样，检出大肠埃希菌 23 件，检出副溶血性弧菌 4 件。

7 月 8 日当天气温 35.6℃，相对湿度 45%～90%，而供应晚宴的五六十盘什锦大冷盘，早于下午 14:00 前全部配好，在熟食间中放置长达 5 小时。

13. 你认为该酒店主要存在哪些卫生问题？针对该酒店存在的问题，应该怎样预防细菌性食物中毒？

14. 食物中毒的现场处理要遵循什么原则？

该酒店引起的重大食物中毒事件，其特点是来势汹，病情紧，规模大，严重影响了顾客的身心健康。为此，市卫生监督部门根据《中华人民共和国食品安全法》，做出该酒店停业、限期改进，罚款 3 万元的行政处罚。

15. 该酒店发生这次食物中毒的特点与哪些因素有关？（试分析主、客观因素与该事件的关系）

16. 相关饮食服务业如何从本次事件中吸取教训，防止此类事件再次发生？

（二）实践能力训练题

1. 某家庭在大酒店举行结婚宴会，有 150 人参加。宴会结束 3 小时左右，陆续有人出现恶心、呕吐、腹痛和腹泻等症状，因而到医院就诊。从第一批患者到医院就诊的时间算起，2 小时之内到医院就诊的具有相同症状的患者有 120 人。经调查，这些患者均参加了宴会，并且都吃了最后一道“敬餐”——冰淇淋，其余未发病者，均未吃冰淇淋。医生检查，除上述症状外，体温正常，只有部分患者呕吐剧烈，呕吐物含有胆汁，小部分甚至含有血液。医生只给患者补充生理盐水、维生素 C 进行治疗，大部分患者 1 天内治愈出院。

分析判断：

问题 1：这是不是一起食物中毒，为什么？

问题 2：这可能是哪一种食物中毒？如何确诊？

问题 3：引起此种食物中毒常见的食物有哪些？

2. 某年 4 月 5 日，某市某家庭 5 人午餐时，吃了自制的豆瓣酱后，出现头痛、头晕、乏力、食欲缺乏，随后出现视物模糊、吞咽困难、眼睑下垂、声音嘶哑、颈无力、头下垂，随即入院抢救治疗，1 人因呼吸衰竭死亡，其余 4 人经治疗后逐渐恢复健康。

问题 1：根据食物中毒分类，此事件应为何种性质的食物中毒？

问题 2：可能为何种食物中毒？简述其发病机制。

问题 3：简述此种食物中毒的抢救治疗措施。

3. 某年 11 月 23 日，某市小水渠附近的 2 户人家在午餐前食用购自机修市场露天摊点自制的油炸鸭脖。大人吃的少无症状，5 个孩子，食用油炸鸭脖 30 分钟后，患者表现为头晕、恶心、呕吐、腹痛、心率加快、烦躁不安，嘴唇、面颊、鼻尖及皮肤发绀。家长送孩子到就近医院就诊，经抢救 1 人因呼吸衰竭死亡，余 4 个孩子经对症治疗后 3 天康复出院。

问题 1：根据食物中毒分类，此事件应为何种性质的食物中毒？其特点是什么？

问题 2：可能为何种食物中毒？简述其发病机制。

问题 3：简述该毒性物质的食物来源。

问题 4：此种食物中毒如何抢救治疗？

（陈彩云）

附表一 *t* 界值表

自由度ν		概率 *P*									
	单侧：	0.25	0.20	0.10	0.05	0.025	0.01	0.005	0.0025	0.001	0.0005
	双侧：	0.50	0.40	0.20	0.10	0.05	0.02	0.01	0.005	0.002	0.001
1		1.000	1.376	3.078	6.314	12.706	31.821	63.657	127.321	318.309	636.619
2		0.816	1.061	1.886	2.290	4.303	6.965	9.925	14.089	22.327	31.599
3		0.765	0.978	1.638	2.353	3.182	4.541	5.841	7.543	10.215	12.924
4		0.741	0.941	1.538	2.132	2.776	3.747	4.604	5.598	7.173	8.610
5		0.727	0.920	1.476	2.015	2.571	3.365	4.032	4.773	5.893	6.869
6		0.718	0.906	1.440	1.943	2.447	3.143	3.707	4.317	5.208	5.959
7		0.711	0.896	1.415	1.895	2.365	2.998	3.499	4.029	4.785	5.408
8		0.706	0.889	1.397	1.860	2.306	2.896	3.355	3.833	4.501	5.041
9		0.703	0.883	1.383	1.833	2.262	2.821	3.250	3.690	4.297	4.781
10		0.700	0.879	1.372	1.812	2.228	2.764	3.169	3.581	4.144	4.587
11		0.697	0.876	1.363	1.796	2.201	2.718	3.106	3.497	4.025	4.437
12		0.695	0.873	1.365	1.782	2.179	2.681	3.055	3.428	3.930	4.318
13		0.694	0.870	1.350	1.771	2.160	2.650	3.012	3.372	3.852	4.221
14		0.692	0.868	1.345	1.761	2.145	3.624	2.977	3.325	3.787	4.140
15		0.691	0.866	1.341	1.753	2.131	2.602	2.947	3.286	3.733	4.073
16		0.690	0.865	1.337	1.746	2.120	2.583	2.921	3.252	3.686	4.015
17		0.689	0.863	1.333	1.740	2.110	2.567	2.898	3.222	3.646	3.965
18		0.688	0.862	1.330	1.734	2.101	2.552	2.878	3.197	3.610	3.922
19		0.688	0.861	1.328	1.729	2.093	2.539	2.861	3.174	3.579	3.833
20		0.687	0.860	1.325	1.725	2.086	2.528	2.845	3.153	3.552	3.850
21		0.686	0.859	1.323	1.721	2.080	2.518	2.831	3.135	3.527	3.819

续表

自由度ν	概率 *P*										
	单侧：	0.25	0.20	0.10	0.05	0.025	0.01	0.005	0.0025	0.001	0.0005
	双侧：	0.50	0.40	0.20	0.10	0.05	0.02	0.01	0.005	0.002	0.001
22		0.686	0.858	1.321	1.717	2.074	2.508	2.819	3.119	3.505	3.792
23		0.685	0.858	1.319	1.714	2.069	2.500	2.807	3.104	3.485	3.768
24		0.685	0.857	1.318	1.711	2.064	2.492	2.797	3.091	3.467	3.745
25		0.684	0.856	1.316	1.708	2.060	2.485	2.787	3.078	3.450	3.725
26		0.684	0.856	1.315	1.706	2.056	2.479	2.779	3.067	3.435	3.707
27		0.684	0.855	1.314	1.703	2.052	2.473	2.771	3.057	3.421	3.690
28		0.683	0.855	1.313	1.701	2.048	2.467	2.763	3.047	3.408	3.674
29		0.683	0.854	1.311	1.699	2.045	2.462	2.756	3.038	3.396	3.659
30		0.683	0.854	1.310	1.697	2.042	2.457	2.750	3.030	3.385	3.646
31		0.682	0.853	1.309	1.696	2.040	2.453	2.744	3.022	3.375	3.633
32		0.682	0.853	1.309	1.694	2.037	2.449	2.738	3.015	3.365	3.622
33		0.682	0.853	1.308	1.692	2.035	2.445	2.733	3.008	3.356	3.611
34		0.682	0.852	1.307	1.691	2.032	2.441	2.728	3.002	3.348	3.601
35		0.682	0.852	1.306	1.690	2.030	2.438	2.724	2.996	3.340	3.591
36		0.681	0.852	1.306	1.688	2.028	2.434	2.719	2.990	3.333	3.582
37		0.681	0.851	1.305	1.687	2.026	2.431	2.715	2.985	3.326	3.574
38		0.681	0.851	1.304	1.686	2.024	2.429	2.712	2.980	3.319	3.566
39		0.681	0.851	1.304	1.685	2.023	2.426	2.708	2.976	3.313	3.558
40		0.681	0.851	1.303	1.684	2.021	2.423	2.704	2.971	3.307	3.551
50		0.679	0.849	1.299	1.676	2.009	2.403	2.678	2.937	3.261	3.496
60		0.679	0.848	1.296	1.671	2.000	2.390	3.660	2.915	3.232	3.460
70		0.678	0.847	1.294	1.667	1.994	2.381	2.648	2.899	3.211	3.435
80		0.678	0.846	1.292	1.664	1.990	2.374	2.639	2.887	3.195	3.416
90		0.677	0.846	1.291	1.662	1.987	2.368	2.632	2.878	3.183	3.402
100		0.677	0.845	1.290	1.660	1.984	2.364	2.626	2.871	3.174	3.390
200		0.676	0.843	1.286	1.653	1.972	2.345	2.601	2.839	3.137	3.340
500		0.675	0.842	1.283	1.648	1.965	2.334	2.586	2.820	3.131	3.310
1000		0.675	0.842	1.282	1.646	1.962	2.330	2.581	2.813	3.098	3.300
∞		0.6745	0.8416	1.2816	1.6449	1.9600	2.3263	2.5758	2.8070	3.0902	3.2905

附表二 *F* 界值表（方差分析用，单侧界值）

上行：*P*=0.05　下行：*P*=0.01

分母的自由度 v_2	分子的自由度 v_1											
	1	2	3	4	5	6	7	8	9	10	11	12
1	161	200	216	225	230	234	237	239	241	242	243	244
	4052	4999	5403	5625	5764	5859	5928	5981	6022	6056	6082	6106
2	18.51	19.00	19.16	19.25	19.30	19.33	19.36	19.37	19.38	19.39	19.40	19.41
	98.49	99.00	99.17	99.25	99.30	99.33	99.34	99.36	99.38	99.40	99.41	99.42
3	10.13	9.55	9.28	9.12	9.01	8.94	8.88	8.84	8.81	8.78	8.76	8.74
	34.12	30.82	29.46	28.71	28.24	27.91	27.67	27.49	27.34	27.23	27.31	27.05
4	7.71	6.94	6.59	6.39	6.26	6.16	6.09	6.04	6.00	5.96	5.93	5.91
	21.20	18.00	16.59	15.98	15.52	15.21	14.98	14.80	14.66	14.54	14.45	14.37
5	6.61	5.79	5.41	5.19	5.05	4.05	4.88	4.82	4.78	4.74	4.70	4.68
	16.26	17.27	12.06	11.39	10.97	10.67	10.45	10.27	10.15	10.05	9.96	9.89
6	5.99	5.15	4.76	4.53	4.39	4.28	4.21	4.15	4.10	4.06	4.03	4.00
	13.74	10.92	9.78	9.15	8.75	8.47	8.26	8.10	7.98	7.87	7.79	7.72
7	5.59	4.74	4.35	4.12	3.97	3.87	3.79	3.73	3.68	3.63	3.60	3.57
	12.25	9.55	8.45	7.85	7.46	7.19	7.00	6.84	6.71	6.62	6.54	6.47
8	5.32	4.46	4.07	3.84	3.69	3.58	3.50	3.44	3.39	3.34	3.31	3.28
	11.26	8.65	7.59	7.01	6.63	6.37	6.19	6.03	5.91	5.82	5.74	5.67
9	5.12	4.26	3.86	3.63	3.48	3.37	3.29	3.23	3.18	3.13	3.10	3.07
	10.26	8.02	6.99	6.42	6.06	5.80	5.62	5.47	5.35	5.26	5.18	5.11
10	4.69	4.10	3.71	3.48	3.33	3.22	3.14	3.07	3.02	2.97	2.94	2.91
	10.04	7.56	6.55	5.09	5.64	5.39	5.21	5.06	4.95	4.85	4.78	4.71
11	4.84	3.98	3.59	3.36	3.20	3.09	3.01	2.95	2.90	2.86	2.82	2.79
	9.65	7.20	6.22	5.67	5.32	5.07	4.88	4.74	4.63	4.54	4.46	4.40
12	4.75	3.88	3.49	3.26	3.11	3.00	2.62	2.85	2.80	2.76	2.72	2.69
	9.33	6.93	5.59	5.41	5.06	4.82	4.65	4.50	4.39	4.30	4.22	4.16
13	4.67	3.80	3.41	3.18	3.02	2.92	2.84	2.77	2.72	2.67	2.63	2.60
	9.07	6.70	5.74	5.20	4.85	4.62	4.44	4.30	4.19	4.10	4.02	3.96
14	4.60	3.74	3.34	3.11	2.96	2.85	2.77	2.70	2.65	2.60	2.56	2.53
	8.86	6.51	5.56	5.03	4.69	4.46	4.28	4.14	4.03	3.94	3.86	3.80
15	4.54	3.68	3.29	3.06	2.90	2.79	2.76	2.64	2.59	2.55	2.51	2.48
	8.68	6.36	5.42	4.89	4.56	4.32	4.14	4.00	3.89	3.80	3.73	3.67
16	4.49	3.63	3.24	3.01	2.85	2.74	2.66	2.59	2.54	2.49	2.45	2.42
	8.53	6.23	5.29	4.77	4.44	4.20	4.03	3.89	3.78	3.69	3.61	3.55
17	4.45	3.59	3.20	2.96	2.81	2.70	2.62	2.55	2.50	2.45	2.41	2.38
	8.40	6.11	5.18	4.67	4.34	4.10	3.93	3.79	3.68	3.59	3.52	3.45

续表

分母的自由度 ν_2	分子的自由度 ν_1											
	1	2	3	4	5	6	7	8	9	10	11	12
18	4.41	3.55	3.16	2.93	2.77	2.66	2.58	2.51	2.46	2.41	2.37	2.34
	8.28	6.01	5.09	4.58	4.55	4.01	3.85	3.71	3.60	3.51	3.44	3.37
19	4.38	3.52	3.13	2.90	2.74	2.63	2.55	2.48	2.43	2.38	2.34	2.31
	8.18	5.93	5.01	4.50	4.17	3.94	3.77	3.63	3.52	3.43	3.36	3.30
20	4.35	3.49	3.10	2.87	2.71	2.60	2.52	2.45	2.40	2.35	2.31	2.28
	8.10	5.85	4.94	4.43	4.10	3.87	3.71	3.56	3.45	3.37	3.30	3.23
21	4.32	3.47	3.07	2.84	2.68	2.57	2.49	2.42	2.37	2.32	2.28	2.25
	8.02	5.78	4.87	4.37	4.04	3.81	3.65	3.51	3.40	3.31	3.24	3.17
22	4.30	3.44	3.05	2.82	2.66	2.55	2.47	2.40	2.35	2.30	2.26	2.23
	7.94	5.72	4.82	4.31	3.99	3.76	3.59	3.45	3.35	3.26	3.18	3.12
23	4.28	3.42	3.03	2.80	2.64	2.53	2.45	2.38	2.32	2.28	2.24	2.20
	7.88	5.66	4.76	4.86	3.94	3.71	3.54	3.41	3.30	3.21	3.14	3.07
24	4.26	3.40	3.01	2.78	2.62	2.51	2.43	2.36	2.30	2.26	2.22	2.18
	7.82	5.61	4.72	4.22	3.90	3.67	3.50	3.36	3.25	3.17	3.09	3.03
25	4.24	3.38	2.99	2.76	2.60	2.49	2.41	2.34	2.28	2.24	2.20	2.16
	7.77	5.57	4.68	4.18	3.86	3.63	3.46	3.32	3.21	3.13	3.05	2.99

*F*界值表（方差分析用，单侧界值）

分母的自由度 ν_2	分子的自由度 ν_1											
	14	16	20	24	30	40	50	75	100	200	500	∞
1	245	246	248	249	250	251	252	253	253	254	254	254
	6142	6169	6208	6234	6258	6286	6302	6323	6334	6352	6361	6366
2	19.42	19.43	19.44	19.45	19.46	19.47	19.47	19.48	19.49	19.49	19.50	19.50
	99.43	99.44	99.45	99.46	99.47	99.48	99.48	99.49	99.49	99.49	99.50	99.50
3	8.71	8.69	8.66	8.64	8.62	8.60	8.58	8.57	8.56	8.54	8.54	8.53
	26.92	26.83	26.69	26.60	26.50	26.41	26.35	26.27	26.23	26.18	26.14	26.12
4	5.87	5.84	5.80	5.77	5.74	5.71	5.70	5.68	5.66	5.65	5.64	5.63
	14.24	14.15	14.02	13.93	13.83	13.74	13.69	13.61	13.57	13.52	13.48	13.46
5	4.64	4.60	4.56	4.53	4.50	4.46	4.44	4.42	4.40	4.38	4.37	4.36
	9.77	9.68	9.55	9.47	9.38	9.29	9.24	9.17	9.13	9.07	9.04	9.02
6	3.96	3.92	3.87	3.84	3.81	3.77	3.75	3.72	3.71	3.69	3.68	3.67
	7.60	7.52	7.39	7.31	7.23	7.14	7.09	7.02	6.99	6.94	6.90	6.88
7	3.52	3.49	3.44	3.41	3.38	3.34	3.32	3.29	3.28	3.25	3.24	3.23
	6.35	6.27	6.15	6.07	5.98	5.90	5.85	5.78	5.75	5.70	5.67	5.65
8	3.23	3.20	3.15	3.12	3.08	3.05	3.03	3.00	2.98	2.96	2.94	2.93
	5.56	5.48	5.36	5.28	5.20	5.11	5.06	5.00	4.96	4.91	4.86	4.86
9	3.02	2.98	2.93	2.90	2.86	2.82	2.80	2.77	2.76	2.73	2.72	2.71
	5.00	4.92	4.80	4.73	4.64	4.56	4.51	4.45	4.41	4.36	4.33	4.31

续表

分母的自由度 v_2	分子的自由度 v_1											
	14	16	20	24	30	40	50	75	100	200	500	∞
10	2.86	2.82	2.77	2.74	2.70	2.67	2.64	2.61	2.59	2.56	2.55	2.54
	4.60	4.52	4.41	4.33	4.25	4.47	4.12	4.05	4.01	3.96	3.93	3.91
11	2.74	2.70	2.65	2.61	2.57	2.53	2.50	2.47	2.45	2.42	2.41	2.40
	4.29	4.21	4.10	4.02	3.94	3.86	3.80	3.74	3.70	3.66	3.62	3.60
12	2.64	2.60	2.54	2.50	2.46	2.42	2.40	2.36	2.35	2.32	2.31	2.30
	4.05	3.98	3.86	3.78	3.70	3.61	3.56	3.49	3.46	3.41	3.38	3.36
13	2.55	2.51	2.46	2.42	2.38	2.34	2.32	2.28	2.26	2.24	2.22	2.21
	3.85	3.78	3.67	3.59	3.51	3.42	3.37	3.30	3.27	3.21	3.18	3.16
14	2.48	2.44	2.39	2.35	2.31	2.27	2.24	2.21	2.19	2.16	2.14	2.13
	3.70	3.52	3.51	3.43	3.34	3.26	3.21	3.14	3.11	3.06	3.02	3.00
15	2.43	2.39	2.33	2.29	2.25	2.21	2.18	2.15	2.12	2.10	2.08	2.07
	3.56	3.48	3.36	3.29	3.20	3.12	3.07	3.00	2.97	2.92	2.89	2.87
16	2.37	2.33	2.28	2.24	2.20	2.16	2.13	2.09	2.07	2.04	2.02	2.01
	3.45	3.37	3.25	3.18	3.10	3.01	2.96	2.89	2.86	2.80	2.77	2.75
17	2.33	2.29	2.23	2.19	2.15	2.11	2.08	2.04	2.02	1.99	1.97	1.96
	3.35	3.27	3.16	3.08	3.00	2.92	2.86	2.79	2.76	2.70	2.67	2.65
18	2.29	2.25	2.19	2.15	2.11	2.07	2.04	2.00	1.98	1.95	1.93	1.92
	3.27	3.19	3.07	3.00	2.91	2.83	2.78	2.71	2.68	2.62	2.59	2.57
19	2.26	2.21	2.15	2.11	2.07	2.02	2.00	1.96	1.94	1.91	1.90	1.88
	3.19	3.12	3.00	2.92	2.84	2.76	2.70	2.63	2.60	2.54	2.51	2.49
20	2.23	2.18	2.12	2.08	2.04	1.99	1.96	1.92	1.90	1.87	1.85	1.84
	3.13	3.056	2.94	2.86	2.77	2.69	2.63	2.56	2.53	2.47	2.44	2.42
21	2.20	2.15	2.09	2.05	2.00	1.96	1.93	1.89	1.87	1.84	1.82	1.81
	3.07	2.99	2.88	2.80	2.72	2.63	2.58	2.51	2.47	2.42	2.38	2.36
22	2.18	2.13	2.07	2.03	1.98	1.93	1.91	1.87	1.84	1.81	1.80	1.78
	3.02	2.94	2.83	2.75	2.67	2.58	2.53	2.46	2.42	2.37	2.33	2.31
23	2.14	2.10	2.04	2.00	1.96	1.91	1.88	1.84	1.82	1.79	1.77	1.76
	2.97	2.89	2.78	2.70	2.62	2.53	2.48	2.41	2.37	2.32	2.28	2.26
24	2.13	2.09	2.02	1.98	1.94	1.89	1.86	1.82	1.80	1.76	1.74	1.73
	2.93	2.85	2.74	2.66	2.58	2.49	2.44	2.36	2.33	2.27	2.23	2.21
25	2.11	2.06	2.00	1.96	1.92	1.87	1.84	1.80	1.77	1.74	1.72	1.71
	2.89	2.81	2.70	2.62	2.54	2.45	2.40	2.32	2.29	2.23	2.19	2.17

F界值表（方差分析用，单侧界值）

分母的自由度 ν_2	分子的自由度 ν_1											
	1	2	3	4	5	6	7	8	9	10	11	12
26	4.22	3.37	2.98	2.74	2.59	2.47	2.39	2.32	2.27	2.22	2.18	2.15
	7.72	5.53	4.64	4.14	3.82	3.59	3.42	3.29	3.17	3.09	3.02	2.96
27	4.21	3.35	2.96	2.73	2.57	2.46	2.37	2.30	2.25	2.20	2.16	2.13
	7.68	5.49	4.60	4.11	3.79	3.56	3.39	3.26	3.14	3.06	2.98	2.93
28	4.20	3.34	2.95	2.71	2.56	2.44	2.36	2.29	2.24	2.19	2.15	2.12
	7.64	5.45	4.57	4.07	3.76	3.53	3.36	3.23	3.11	3.03	2.95	2.90
29	4.18	3.33	2.93	2.70	2.54	2.43	2.35	2.28	2.22	2.18	2.14	2.10
	7.60	5.42	4.54	4.04	3.73	3.50	3.33	3.20	3.08	3.00	2.92	2.87
30	4.17	3.32	2.92	2.69	2.53	2.42	2.34	2.27	2.21	2.16	2.12	2.09
	7.56	5.39	4.51	4.02	3.70	3.47	3.30	3.17	3.06	2.98	2.91	2.84
32	4.15	3.30	2.90	2.67	2.51	2.40	2.32	2.25	2.19	2.14	2.10	2.07
	7.50	5.35	4.46	3.97	3.66	3.42	3.25	3.12	3.01	2.94	2.85	2.80
34	4.13	3.28	2.88	2.65	2.49	2.38	2.30	2.23	2.17	2.12	2.08	2.05
	7.44	5.29	4.42	3.93	3.61	3.38	3.21	3.08	2.98	2.89	2.82	2.76
36	4.11	3.26	2.86	2.63	2.48	2.36	2.28	2.21	2.15	2.10	2.06	2.03
	7.39	5.25	4.38	3.89	3.58	3.35	3.18	3.04	2.94	2.86	2.78	2.72
38	4.10	3.25	2.85	2.62	2.46	2.35	2.26	2.19	2.14	2.09	2.05	2.02
	7.35	5.21	4.31	3.86	3.54	3.32	3.15	3.02	2.91	2.82	2.75	2.69
40	4.08	3.23	2.84	2.61	2.45	2.34	2.25	2.18	2.12	2.07	2.04	2.00
	7.31	5.18	4.31	3.83	3.51	3.29	3.12	2.99	2.88	2.80	2.73	2.66
42	4.07	3.22	2.83	2.59	2.44	2.32	2.24	2.17	2.11	2.06	2.02	1.99
	7.27	5.15	4.29	3.80	3.49	3.26	3.10	2.96	2.86	2.77	2.70	2.64
44	4.06	3.21	2.82	2.58	2.43	2.31	2.23	2.16	2.10	2.05	2.01	1.96
	7.24	5.12	4.26	3.78	3.46	3.24	3.07	2.94	2.84	2.75	2.68	2.02
46	4.05	3.20	2.81	2.57	2.42	2.30	2.22	2.14	2.09	2.04	2.00	1.97
	7.21	5.10	4.24	3.76	3.44	3.22	3.05	2.92	2.82	2.73	2.66	2.60
48	4.04	3.19	2.80	2.56	2.41	2.30	2.21	2.14	2.08	2.03	1.99	1.96
	7.19	5.08	4.22	3.74	3.42	3.20	3.04	2.90	2.80	2.71	2.64	2.58
50	4.03	3.18	2.79	2.56	2.40	2.29	2.20	2.13	2.07	2.02	1.98	1.95
	7.17	5.06	4.20	3.72	3.41	3.18	3.02	2.88	2.78	2.70	2.62	2.56
60	4.00	3.15	2.76	2.52	2.37	2.25	2.17	2.10	2.04	1.99	1.95	1.92
	7.08	4.98	4.13	3.65	3.34	3.12	2.95	2.82	2.72	2.63	2.56	2.50
70	3.98	3.13	2.74	2.50	2.35	2.23	2.14	2.07	2.01	1.97	1.93	1.89
	7.01	4.92	4.08	3.60	3.29	3.07	2.91	2.77	2.67	2.59	2.51	2.45
80	3.96	3.11	2.72	2.48	2.33	2.21	2.12	2.05	1.99	1.95	1.91	1.88
	6.96	4.88	4.04	3.56	3.25	3.04	2.87	2.74	2.64	2.55	2.48	2.41

续表

分母的自由度 ν_2	分子的自由度 ν_1											
	1	2	3	4	5	6	7	8	9	10	11	12
100	3.94	3.09	2.70	2.46	2.30	2.19	2.10	2.03	1.97	1.92	1.88	1.85
	6.90	4.82	3.98	3.51	3.20	2.99	2.82	2.69	2.59	2.51	2.43	2.36
125	3.92	3.07	2.68	2.44	2.29	2.17	2.08	2.01	1.95	1.90	1.86	1.83
	6.84	4.78	3.94	3.47	3.17	2.95	2.79	2.65	2.56	2.47	2.40	2.33
150	3.91	3.06	2.67	2.43	2.27	2.16	2.07	2.00	1.94	1.89	1.85	1.82
	6.81	4.75	3.91	3.44	3.14	2.96	2.76	2.62	2.53	2.44	2.37	2.30
200	3.89	3.04	2.65	2.41	2.26	2.14	2.05	1.98	1.92	1.87	1.83	1.80
	6.76	4.71	3.88	3.41	3.11	2.90	2.73	2.60	2.50	2.41	2.34	2.28
400	3.86	3.02	2.62	2.39	2.23	2.12	2.03	1.96	1.90	1.85	1.81	1.78
	6.70	4.66	3.83	3.36	3.06	2.85	2.69	2.55	2.43	2.37	2.29	2.23
1000	3.85	3.00	2.61	2.38	2.22	2.10	2.02	1.95	1.89	1.84	1.80	1.76
	6.66	4.62	3.80	3.34	3.04	2.82	2.66	2.53	2.43	2.34	2.26	2.20
∞	3.84	2.99	2.60	2.37	2.21	2.09	2.01	1.94	1.88	1.83	1.79	1.75
	6.64	4.60	3.78	3.32	3.02	2.80	2.64	2.51	2.41	2.32	2.24	2.18

F界值表（方差分析用，单侧界值）

分母的自由度 ν_2	分子的自由度 ν_1											
	14	16	20	24	30	40	50	75	100	200	500	∞
26	2.10	2.05	1.99	1.95	1.90	1.85	1.82	1.78	1.76	1.72	1.70	1.69
	2.86	2.77	2.66	2.58	2.50	2.41	2.36	2.28	2.25	2.19	2.15	2.13
27	2.08	2.03	1.97	1.93	1.88	1.84	1.80	1.76	1.74	1.71	1.68	1.67
	2.83	2.74	2.63	2.55	2.47	2.38	2.33	2.25	2.21	2.16	2.12	2.10
28	2.06	2.02	1.96	1.91	1.87	1.81	1.78	1.75	1.72	1.69	1.67	1.65
	2.80	2.71	2.60	2.52	2.44	2.35	2.30	2.22	2.18	2.13	2.09	2.06
29	2.05	2.00	1.94	1.90	1.85	1.80	1.77	1.73	1.71	1.68	1.65	1.64
	2.77	2.68	2.57	2.49	2.41	2.32	2.27	2.19	2.15	2.10	2.06	2.03
30	2.04	1.99	1.93	1.89	1.84	1.79	1.76	1.72	1.69	1.66	1.64	1.62
	2.74	2.66	2.55	2.47	2.38	2.29	2.24	2.16	2.13	2.07	2.03	2.01
32	2.02	1.97	1.91	1.86	1.82	1.76	1.74	1.69	1.67	1.64	1.61	1.59
	2.70	2.62	2.51	2.42	2.34	2.25	2.20	2.12	2.08	2.02	1.98	1.96
34	2.00	1.95	1.89	1.84	1.80	1.74	1.71	1.67	1.64	1.61	1.59	1.57
	2.66	2.58	2.47	2.38	2.30	2.21	2.15	2.08	2.04	1.98	1.94	1.91
36	1.98	1.93	1.87	1.82	1.78	1.73	1.69	1.65	1.62	1.59	1.56	1.55
	2.62	2.54	2.43	2.35	2.26	2.17	2.12	2.04	2.00	1.94	1.90	1.87
38	1.96	1.92	1.85	1.80	1.76	1.71	1.67	1.63	1.60	1.57	1.54	1.53
	2.59	2.51	2.40	2.32	2.22	2.14	2.08	2.00	1.97	1.90	1.86	1.84
40	1.95	1.90	1.84	1.79	1.74	1.69	1.66	1.61	1.59	1.55	1.53	1.51
	2.56	2.49	2.37	2.29	2.20	2.11	2.05	1.97	1.94	1.88	1.84	1.81

续表

分母的自由度 ν_2	分子的自由度 ν_1											
	14	16	20	24	30	40	50	75	100	200	500	∞
42	1.94	1.89	1.82	1.78	1.73	1.68	1.64	1.60	1.57	1.54	1.51	1.49
	2.54	2.46	2.35	2.26	2.17	2.08	2.02	1.94	1.91	1.85	1.80	1.78
44	1.82	1.88	1.81	1.76	1.72	1.66	1.63	1.58	1.56	1.52	1.50	1.48
	2.52	2.44	2.32	2.24	2.15	2.06	2.00	1.92	1.88	1.82	1.78	1.75
46	1.91	1.87	1.80	1.75	1.71	1.65	1.62	1.57	1.54	1.51	1.48	1.46
	2.50	2.42	2.30	2.22	2.13	2.04	1.98	1.90	1.86	1.80	1.76	1.72
48	1.90	1.85	1.79	1.74	1.70	1.64	1.61	1.56	1.53	1.50	1.47	1.45
	2.48	2.40	2.28	2.20	2.11	2.02	1.96	1.88	1.84	1.78	1.73	1.71
50	1.90	1.85	1.78	1.74	1.69	1.63	1.60	1.55	1.52	1.48	1.46	1.44
	2.46	2.39	2.26	2.18	2.10	2.00	1.94	1.86	1.82	1.76	1.71	1.68
60	1.86	1.81	1.75	1.70	1.65	1.59	1.56	1.50	1.48	1.44	1.41	1.39
	2.40	2.32	2.20	2.12	2.03	1.93	1.87	1.79	1.74	1.68	1.63	1.60
70	1.84	1.79	1.72	1.67	1.62	1.56	1.53	1.47	1.45	1.40	1.37	1.35
	2.35	2.28	2.15	2.07	1.98	1.88	1.82	1.74	1.69	1.62	1.56	1.53
80	1.82	1.77	1.70	1.65	1.60	1.54	1.51	1.45	1.42	1.38	1.35	1.32
	2.32	2.24	2.11	2.03	1.94	1.84	1.78	1.70	1.65	1.57	1.52	1.49
100	1.79	1.75	1.68	1.63	1.57	1.51	1.48	1.42	1.39	1.34	1.30	1.28
	2.26	2.19	2.06	1.98	1.89	1.79	1.73	1.64	1.59	1.51	1.46	1.43
125	1.77	1.72	1.65	1.60	1.55	1.49	1.45	1.39	1.36	1.31	1.27	1.25
	2.23	2.15	2.03	1.94	1.85	1.75	1.68	1.59	1.54	1.46	1.40	1.37
150	1.76	1.71	1.64	1.59	1.54	1.47	1.44	1.37	1.34	1.29	1.25	1.22
	2.20	2.12	2.00	1.91	1.83	1.72	1.66	1.56	1.51	1.43	1.37	1.33
200	1.74	1.69	1.62	1.57	1.52	1.45	1.42	1.35	1.32	1.26	1.22	1.19
	2.17	2.09	1.97	1.88	1.79	1.69	1.62	1.53	1.48	1.39	1.33	1.28
400	1.72	1.67	1.60	1.54	1.49	1.42	1.38	1.32	1.28	1.22	1.16	1.13
	2.12	2.04	1.92	1.84	1.74	1.64	1.57	1.47	1.42	1.32	1.24	1.19
1000	1.70	1.65	1.58	1.53	1.47	1.41	1.36	1.30	1.26	1.19	1.13	1.08
	2.09	2.01	1.89	1.81	1.71	1.61	1.54	1.44	1.38	1.28	1.19	1.11
∞	1.69	1.64	1.57	1.52	1.46	1.40	1.35	1.28	1.24	1.17	1.11	1.00
	2.07	1.99	1.87	1.79	1.69	1.59	1.52	1.41	1.36	1.25	1.15	1.00

附表三　χ^2 界值表

自由度 ν	概率 P（右侧尾部面积）												
	0.995	0.990	0.975	0.950	0.900	0.750	0.500	0.250	0.100	0.050	0.025	0.010	0.005
1					0.02	0.10	0.45	1.32	2.71	3.84	5.02	6.63	7.88
2	0.01	0.02	0.05	0.10	0.21	0.58	1.39	2.77	4.11	5.99	7.38	9.21	10.60
3	0.07	0.11	0.22	0.35	0.58	1.21	2.37	4.11	6.25	7.81	9.35	11.34	12.84
4	0.21	0.30	0.48	0.71	1.06	1.92	3.36	5.39	7.78	9.49	11.14	13.28	14.86

续表

自由度ν	概率 *P*（右侧尾部面积）												
	0.995	0.990	0.975	0.950	0.900	0.750	0.500	0.250	0.100	0.050	0.025	0.010	0.005
5	0.41	0.55	0.83	1.15	1.61	2.67	4.35	6.63	9.24	11.07	12.83	15.09	16.75
6	0.68	0.87	1.24	1.64	2.20	3.45	5.35	7.84	10.64	12.59	14.45	16.81	18.55
7	0.99	1.24	1.69	2.17	2.83	4.25	6.35	9.04	12.02	14.07	16.01	18.48	20.28
8	1.34	1.65	2.18	2.73	3.49	5.07	7.34	10.22	13.36	15.51	17.53	20.09	21.95
9	1.73	2.09	2.70	3.33	4.17	5.90	8.34	11.39	14.68	16.92	19.02	21.67	23.59
10	2.16	2.56	3.25	3.94	4.87	6.74	9.34	12.55	15.99	18.31	20.48	23.21	25.19
11	2.60	3.05	3.82	4.57	5.58	7.58	10.34	13.70	17.28	19.68	21.92	24.72	26.76
12	3.07	3.57	4.40	5.23	6.30	8.44	11.34	14.85	18.55	21.03	23.34	26.22	28.30
13	3.57	4.11	5.01	5.89	7.04	9.30	12.34	15.98	19.81	22.36	24.74	27.69	29.82
14	4.07	4.66	5.63	6.57	7.79	10.17	13.34	17.12	21.06	23.68	26.12	29.14	31.32
15	4.60	5.23	6.26	7.26	8.55	11.04	14.34	18.25	22.31	25.00	27.49	30.58	32.80
16	5.14	5.81	6.91	7.96	9.31	11.91	15.34	19.37	23.54	26.30	28.85	32.00	34.27
17	5.70	6.41	7.56	8.67	10.09	12.79	16.34	20.49	24.77	27.59	30.19	33.41	35.72
18	6.26	7.01	8.23	9.39	10.86	13.68	17.34	21.60	25.99	28.87	31.53	34.81	37.16
19	6.84	7.63	8.91	10.12	11.65	14.56	18.34	22.72	27.20	30.14	32.85	36.19	38.58
20	7.43	8.26	9.59	10.85	12.44	15.45	19.34	23.83	28.41	31.41	34.17	37.57	40.00
21	8.03	8.90	10.28	11.59	13.24	16.34	20.34	24.93	29.62	32.67	35.48	38.93	41.40
22	8.64	9.54	10.98	12.34	14.04	17.24	21.34	26.04	30.81	33.92	36.78	40.29	42.80
23	9.26	10.20	11.69	13.09	14.85	18.14	22.34	27.14	32.01	35.17	38.08	41.64	44.18
24	9.89	10.86	12.40	13.85	15.66	19.04	23.34	28.24	33.20	36.42	39036	42.98	45.56
25	10.52	11.52	13.12	14.61	16.47	19.94	24.34	29.34	34.38	37.65	40.65	44.31	46.93
26	11.16	12.20	13.84	15.38	17.29	20.84	25.34	30.43	35.56	38.89	41.92	45.64	48.29
27	11.81	12.88	14.57	16.15	18.11	21.75	26.34	31.53	36.74	40.11	43.19	46.96	49.64
28	12.46	13.56	15.31	16.93	18.94	22.65	27.34	32.62	37.92	41.34	44.46	48.28	50.99
29	13.12	14.26	16.05	17.71	19.77	23.57	28.34	33.71	39.09	42.56	45.72	49.59	52.34
30	13.79	14.95	16.79	18.49	20.60	24.48	29.34	34.80	40.26	43.77	46.98	50.89	53.67
40	20.71	22.16	24.43	26.51	29.05	33.66	39.34	45.62	51.82	55.70	59.34	63.69	66.77
50	27.99	29.71	32.36	34.76	37.69	42.94	49.33	56.33	63.17	67.50	70.42	76.15	79.49
60	35.53	37.48	40.48	43.19	46.46	52.29	59.33	66.98	74.40	79.08	83.30	88.38	91.95
70	43.28	45.44	48.76	51.74	55.33	61.70	69.33	77.58	85.53	90.53	95.02	100.42	104.22
80	51.17	53.54	57.15	60.39	64.28	71.14	79.33	88.13	96.58	101.88	106.63	112.32	116.32
90	59.20	61.75	65.65	69.13	73.29	80.62	89.33	98.64	107.56	113.14	118.14	124.12	128.30
100	67.33	70.06	74.22	77.93	82.36	90.13	99.33	109.14	118.50	124.34	129.56	135.81	140.17

附表四 风险分数转换表（部分）

风险分数转换表（男性，46～55岁）

死亡概率（1/10万）	疾病	危险因素	风险分数	可改变的风险分数
212	肺癌	吸烟		
		不吸烟	0.45	
		＜10支	0.59	0.42
		10～19支	1.51	0.60
		20～29支	3.50	1.40
		≥30支	4.78	1.91
		已戒烟	0.59	
		呼吸系统病史		
		无	0.83	
		有	1.90	
		家族肿瘤史		
		无	0.90	
		有	1.62	
		长期精神压抑		
		无	0.89	
		有	2.36	0.89
142	肝癌	乙型肝炎		
		无	0.70	
		有	3.85	
		吸烟、(对于HBsAg阴性适用)		
		否	0.83	
		是	1.12	0.83
		家族肝癌史		
		无	0.33	
		二级亲属有	0.50	
		一级亲属有	3.60	
		一、二级亲属均有	7.68	
		饮酒		
		否	0.76	
		是	1.22	0.76
53	食管癌	吸烟状况		
		不吸烟	0.53	
		＜10支/日	0.83	0.53
		≥10支/日	1.32	0.87
		已戒烟	0.87	

续表

死亡概率（1/10 万）	疾病	危险因素	风险分数	可改变的风险分数
		家庭病史		
		无	0.80	
		有	3.75	
		饮酒		
		不饮	0.68	
		饮	1.30	0.68
98	胃癌	吸烟状况		
		不吸烟	0.63	
		吸烟	1.32	0.63
		饮酒状况		
		不饮酒	0.68	
		饮酒	1.29	0.68
		食用油炸食品		
		<3 次/周	0.93	
		≥3 次/周	1.45	0.93
		食用腌制食品		
		<3 次/周	0.98	
		≥3 次/周	1.36	0.98
		食用新鲜蔬菜		
		<3 次/周	2.23	0.98
		≥3 次/周	0.98	
		摄盐		
		正常	0.82	
		过多	1.68	0.82
		胃癌家族史		
		无	0.72	
		有	2.21	
		生闷气吃饭		
		无	0.99	
		经常	2.97	0.99
56	膀胱癌	吸烟年限		
		不吸烟	0.61	
		<20 年	0.76	0.73
		20～40 年	1.18	0.89
		戒烟<10 年	0.89	0.73
		戒烟≥10 年	0.73	

续表

死亡概率（1/10 万）	疾病	危险因素	风险分数	可改变的风险分数
		职业暴露		
		无	0.92	
		有机溶剂	4.78	
		汽油	1.84	
		每年用糖精次数		
		<1 次	0.67	
		1～19 次	1.47	0.67
		≥20 次	2.85	0.67
228	大肠癌	肠息肉		
		无	0.96	
		有	21.54	
		溃疡性结肠炎		
		无	0.99	
		有	2.58	
		血吸虫病史		
		无	0.99	
		有	1.59	
		食用油炸食品		
		0 次/周	0.81	
		1～3 次/周	1.12	0.81
		≥3 次/周	1.54	0.81
		食用腌制食品		
		0 次/周	0.92	
		1～3 次/周	1.15	0.92
		≥3 次/周	1.44	0.92
		食用新鲜蔬菜		
		0 次/周	1.44	0.99
		1～3 次/周	1.19	0.99
		≥3 次/周	0.99	
2012	冠心病	吸烟		
		不吸烟	0.61	
		<10 支/日	1.07	0.68
		10～19 支/日	1.28	0.68
		≥20 支/日	2.36	0.68
		戒烟	0.68	
		饮酒状况		
		不饮酒	0.80	
		饮酒	1.18	0.80

续表

死亡概率（1/10 万）	疾病	危险因素	风险分数		可改变的风险分数
		高血压家族史			
		无	0.64		
		有	1.93		
		高胆固醇血症			
		无	0.83		
		有	1.41		0.83
		血压			
		舒张压（mmHg）		收缩压（mmHg）	
			＜140	140～159	≥160
		＜90	0.88	1.75	6.63
		90～99	1.87	2.18	2.07
		≥100	0.97	2.36	2.41
		正常血压（mmHg）	0.88		
		高血压（mmHg）	4.39		0.88
		超重（BMI：kg/m^2）			
		BMI＜23	0.90		
		BMI（23，24.9）	1.41		0.90
		BMI（25，29.9）	2.31		0.90
		BMI≥30	2.70		0.90
		体育锻炼			
		不参加	1.34		0.70
		参加	0.70		
		糖尿病			
		无	0.99		
		有	2.97		1.48
		已控制	1.48		
265	脑卒中	超重（BMI＞25kg/m^2）			
		无	0.98		
		有	1.15		0.98
		吸烟			
		否	0.78		
		＜10 支/日	0.85		0.78
		10～19 支/日	1.11		0.98
		≥20 支/日	1.24		0.98
		戒烟	0.98		
		饮酒状况			
		不饮酒	0.68		

续表

死亡概率（1/10 万）	疾病	危险因素	风险分数		可改变的风险分数
		饮酒	1.29		0.68
		糖尿病			
		无	0.99		
		有	3.35		2.47
		已控制	2.47		
		血压			
		舒张压（mmHg）	收缩压（mmHg）		
			＜140	140～159	≥160
		＜90	0.85	0.94	5.24
		90～99	1.63	3.26	4.96
		≥100	3.19	3.74	7.97
		无高血压	0.85		
		有	5.24		0.85
		体育锻炼			
		不参加	1.61		0.45
		参加	0.45		
2581		其他			

风险分数转换表（女性，46～55 岁）

死亡概率（1/10 万）	疾病	危险因素	风险分数	可改变的风险分数
202	肺癌	吸烟		
		不吸烟	0.97	
		＜10 支/日	1.20	0.97
		10～19 支/日	2.94	1.76
		20 支/日及以上	6.08	3.65
		已戒烟	1.47	
		被动吸烟指数（PSI=每日吸烟支数×吸烟年数）		
		总计	1.13	0.72
		0	0.72	
		＜200	1.39	0.72
		200～400	1.54	0.72
		＞400	2.87	0.72
		呼吸系统病史		
		无	0.83	
		有	1.90	

续表

死亡概率（1/10 万）	疾病	危险因素	风险分数	可改变的风险分数
		家族肿瘤史		
		无	0.90	
		有	1.62	
		长期精神压抑		
		无	0.89	
		有	2.36	0.89
102	肝癌	乙型肝炎		
		无	0.67	
		有	4.11	
		吸烟（对于 HBsAg 阴性适用）		
		否	0.83	
		是	1.12	0.83
		家族肝癌史		
		无	0.33	
		二级亲属有	0.50	
		一级亲属有	3.60	
		一二级均有	7.68	
		饮酒		
		否	0.92	
		是	1.47	0.92
201	乳腺癌	初潮年龄（岁）		
		≥17	0.73	
		14～16	1.05	
		≤13	1.29	
		初产年龄（岁）		
		<25	0.76	
		25～29	1.32	
		≥30	1.58	
		产次		
		≥3 次	0.80	
		1～2 次	1.26	
		未生育	1.92	
		绝经年龄（岁）		
		<45	0.67	
		45～49	1.03	
		≥50	1.15	

续表

死亡概率（1/10 万）	疾病	危险因素	风险分数	可改变的风险分数
		家族史		
		无	0.96	
		有	3.82	
		乳腺病史		
		无	0.85	
		有	3.95	
		超重（BMI≥25kg/m^2）		
		是	1.40	0.93
		否	0.93	
23	食管癌	吸烟状况		
		不吸烟	0.97	
		<10 支/日	1.52	0.97
		≥10 支/日	2.42	1.58
		已戒烟	1.58	
		家族史		
		无	0.80	
		有	3.75	
		饮酒		
		不饮酒	0.88	
		饮酒	1.68	0.88
53	胃癌	吸烟状况		
		不吸烟	0.98	
		吸烟	2.06	0.98
		饮酒状况		
		不饮酒	0.88	
		饮酒	1.66	0.88
		食用油炸食品		
		<3 次/周	0.93	
		≥3 次/周	1.45	0.93
		食用腌制食品		
		<3 次/周	0.98	
		≥3 次/周	1.36	0.98
		食用新鲜蔬菜		
		<3 次/周	2.23	0.98
		≥3 次/周	0.98	
		摄盐		
		正常	0.80	
		过多	1.64	0.80

续表

死亡概率（1/10万）	疾病	危险因素	风险分数	可改变的风险分数
		胃癌家族史		
		无	0.72	
		有	2.21	
		生闷气吃饭		
		无	0.99	
		经常	2.97	0.99
34	膀胱癌	吸烟年限		
		不吸烟	0.98	
		＜20年	1.22	1.18
		20～40年	1.90	1.43
		＞40年	2.78	1.43
		戒烟＜10年	1.43	1.43
		戒烟≥10年	1.18	
		职业暴露		
		无	0.92	
		有机溶剂	4.78	
		汽油	1.84	
		每年用糖精次数		
		＜1	0.67	
		1～19	1.47	0.67
		≥20	2.85	0.67
201	大肠癌	肠息肉		
		无	0.96	
		有	21.54	
		溃疡性结肠炎		
		无	0.99	
		有	2.58	
		血吸虫病史		
		无	0.99	
		有	1.59	
		食用油炸食品		
		0次/周	0.81	
		1～3次/周	1.12	0.81
		≥3次/周	1.54	0.81
		食用腌制食品		
		0次/周	0.92	
		1～3次/周	1.15	0.92
		≥3次/周	1.44	0.92

续表

死亡概率（1/10 万）	疾病	危险因素	风险分数		可改变的风险分数
		食用新鲜蔬菜			
		0 次/周	1.44		0.99
		1～3 次/周	1.19		0.99
		≥3 次/周	0.99		
1965	冠心病	吸烟			
		不吸烟	0.98		
		＜10 支/日	1.73		1.10
		10～19 支/日	2.07		1.10
		20 支/日及以上	3.79		1.10
		戒烟	1.10		
		饮酒状况			
		不饮酒	0.93		
		饮酒	1.37		0.93
		高血压家族史			
		无	0.64		
		有	1.93		
		高胆固醇血症			
		无	0.83		
		有	1.41		0.83
		高血压			
		舒张压（mmHg）	收缩压（mmHg）		
			＜140	140～159	≥160
		＜90	0.95	1.89	7.14
		90～99	2.01	2.35	2.23
		≥100	1.05	2.55	2.60
		无高血压	0.95		
		有	4.72		0.95
		不清楚	1.00		
		超重（BMI：kg/m^2）			
		BMI＜23	0.94		
		BMI（23，24.9）	1.48		0.94
		BMI（25，29.9）	2.42		0.94
		BM≥30	2.82		0.94
		体育锻炼			
		不参加	1.26		0.66
		参加	0.66		

续表

死亡概率（1/10 万）	疾病	危险因素	风险分数		可改变的风险分数
		糖尿病			
		无	0.99		
		有	2.97		1.48
		已控制	1.48		
235	脑卒中	超重（BMI＞25kg/m^2）			
		无	0.99		
		有	1.16		0.99
		吸烟			
		否	0.99		
		＜10 支/日	1.09		0.99
		10～19 支/日	1.42		1.24
		20 支/日及以上	1.59		1.24
		戒烟	1.24		
		饮酒状况			
		不饮酒	0.88		
		饮酒	1.67		0.88
		糖尿病			
		无	0.99		
		有	3.35		2.47
		已控制	2.47		
		血压			
		舒张压（mmHg）	收缩压（mmHg）		
			＜140	140～159	≥160
		＜90	0.93	1.02	6.28
		90～99	1.79	3.56	5.43
		≥100	3.49	4.09	8.72
		无高血压	0.93		
		有	5.75		0.93
		不清楚	1.00		
2340	其他				

注：以上仅列出各疾病几种公认的危险因素，而对于某些危险因素，由于难以定量或测量未能纳入，可能会对结果产生一定影响

附表五　食物成分表（100g 可食部分）

食物名称	食部（%）	水分（g）	能量（kcal）	能量（kJ）	蛋白质（g）	脂肪（g）	碳水化合物（g）	膳食纤维（g）	胆固醇（mg）	维生素 A（μg）	维生素 B_1（mg）	维生素 B_2（mg）	烟酸（mg）	维生素 C（mg）	维生素 E（mg）	钙（mg）	钾（mg）	钠（mg）	铁（mg）	锌（mg）
谷类及其制品																				
小麦粉（标准粉）	100	12.7	344	1439	11.2	1.5	73.6	2.1	—	—	0.28	0.08	2	—	1.8	31	190	3.1	3.5	1.64
淀粉（小麦）	100	13.1	351	1469	0.2	0.5	86.0	0	—	0	0	0	0	0	0	14	8	3	0.6	0.1
挂面（标准粉）	100	12.4	344	1439	10.1	0.7	76	1.6	—	—	0.19	0.04	2.5	—	1.11	14	157	150	3.5	1.22
面条（标准粉）	100	29.7	280	1172	8.5	1.6	59.5	1.5	—	—	0.35	0.1	3.1	—	0.47	13	161	3.4	2.6	1.07
花卷	100	45.7	211	883	6.4	1	45.6	1.5	—	—	Tr	0.02	1.1	—	—	19	83	95	0.4	……
馒头（标准粉）	100	40.5	233	975	7.8	1	49.8	1.5	—	—	0.05	0.07	—	—	0.86	18	129	165.2	1.9	1.01
油条	100	21.8	386	1615	6.9	17.6	51	0.9	—	—	0.01	0.07	0.7	—	3.19	6	227	585.2	1	0.75
稻米	100	13.3	346	1448	7.4	0.8	77.9	0.7	—	—	0.11	0.05	1.9	—	0.46	13	103	3.8	2.3	1.7
糯米	100	12.6	348	1456	7.3	1	78.3	0.8	—	—	0.11	0.04	2.3	—	1.29	26	137	1.5	1.4	1.54
米饭	100	70.9	116	485	2.6	0.3	25.9	0.3	—	—	0.02	0.03	1.9	—	—	7	30	2.5	1.3	0.92
玉米（鲜）	100	71.3	106	444	4	1.2	22.8	2.9	—	—	0.16	0.11	1.8	16	0.46	—	238	1.1	1.1	0.9
小米	100	11.6	358	1498	9	3.1	75.1	1.6	—	17	0.33	0.1	1.5	—	3.63	41	284	4.3	5.1	1.87
高粱	100	10.3	351	1469	10.4	3.1	74.7	4.3	—	—	0.29	0.1	1.6	—	1.88	22	281	6.3	6.3	1.64
薯类、淀粉类																				
马铃薯	94	79.8	76	318	2	0.2	17.2	0.7	—	5	0.08	0.04	1.1	27	0.34	8	342	2.7	0.8	0.37
甘薯（红薯）	90	73.4	99	414	1.1	0.2	24.2	1.6	—	125	0.04	0.04	0.6	26	0.28	23	130	28.5	0.5	0.15
藕粉	100	6.4	372	1556	0.2	……	93	0.1	—	—	……	0.01	0.4	—	—	8	35	10.8	17.9	0.15
粉丝	100	15	335	1402	0.8	0.2	83.7	1.1	—	—	0.03	0.02	0.4	—	—	31	18	9.3	6.4	0.27
粉条	100	14.3	337	1410	0.5	0.1	84.2	0.6	—	—	0.01	……	0.1	—	—	35	18	9.6	5.2	0.83
豆类及其制品																				
黄豆	100	10.2	359	1502	35	16	34.2	15.5	—	37	0.41	0.2	2.1	—	18.9	191	1503	2.2	8.2	3.34

续表

食物名称	食部（%）	水分（g）	能量（kcal）	能量（kJ）	蛋白质（g）	脂肪（g）	碳水化合物（g）	膳食纤维（g）	胆固醇（mg）	维生素 A（μg）	维生素 B_1（mg）	维生素 B_2（mg）	烟酸（mg）	维生素 C（mg）	维生素 E（mg）	钙（mg）	钾（mg）	钠（mg）	铁（mg）	锌（mg）
豆腐	100	82.8	81	339	8.1	3.7	4.2	0.4	—	—	0.04	0.03	0.2	—	2.71	164	125	7.2	1.9	1.11
豆腐脑	100	96.7	15	63	1.9	0.8	0	—	—	—	0.04	0.02	0.4	—	10.46	18	107	2.8	0.9	0.49
豆浆	100	96.4	14	59	1.8	0.7	1.1	1.1	—	15	0.02	0.02	0.1	—	0.8	10	48	3	0.5	0.24
豆奶（豆乳）	100	94	30	126	2.4	1.5	1.8	……	5	—	0.02	0.06	0.3	—	4.5	23	92	3.2	0.6	0.24
腐竹	100	7.9	459	1920	44.6	21.7	22.3	1	—	—	0.13	0.07	0.8	—	27.84	77	553	26.5	16.5	3.69
千张	100	52	260	1088	24.5	16	5.5	1	—	5	0.04	0.05	0.2	—	23.38	313	94	20.6	6.4	2.52
豆腐干	100	65.2	140	586	16.2	3.6	11.5	0.8	—	—	0.03	0.07	0.3	—	—	308	140	76.5	4.9	1.76
绿豆	100	12.3	316	1322	21.6	0.8	62	6.4	—	22	0.25	0.11	2	—	10.95	81	787	3.2	6.5	2.18
赤豆（红豆）	100	12.6	309	1293	20.2	0.6	63.4	7.7	—	13	0.16	0.11	2	—	14.5	74	860	2.2	7.4	2.2
蚕豆	100	13.2	335	1402	21.6	1	61.5	1.7	—	—	0.09	0.13	1.9	2	1.6	31	1117	86	8.2	3.42
扁豆	100	9.9	326	1364	25.3	0.4	61.9	6.5	—	5	0.26	0.45	2.6	—	1.86	137	439	2.3	19.2	1.9
豌豆	100	10.4	313	1310	20.3	1.1	65.8	10.4	—	42	0.49	0.14	2.4	—	8.47	97	823	9.7	4.9	2.35
豇豆	100	10.9	322	1347	19.3	1.2	65.6	7.1	—	10	0.16	0.08	1.9	—	8.61	40	737	6.8	7.1	3.04
蔬菜类及其制品																				
根菜类																				
白萝卜	94	93.4	21	88	0.9	0.1	5	1	—	3	0.02	0.03	0.3	21	0.92	36	173	61.8	0.5	0.3
红萝卜	96	93.8	20	84	1	0.1	4.6	0.8	—	Tr	0.05	0.02	0.1	3	1.2	11	110	62.7	2.8	0.69
胡萝卜	97	89.2	37	155	1	0.2	8.8	1.1	—	688	0.04	0.03	0.6	13	0.41	32	190	71.4	1	0.23
芥菜头（大头菜）	89	89.6	33	138	1.9	0.2	7.4	1.4	—	—	0.06	0.02	0.6	34	0.2	65	243	65.6	0.8	0.39
姜	95	87.0	46	194	1.3	0.6	10.3	2.7	—	28	0.02	0.03	0.8	4	0.01	27	295	14.9	1.4	0.34
菜豆类																				
荷兰豆	100	91.9	27	113	2.5	0.3	4.9	1.4	—	80	0.09	0.04	0.7	16	0.3	51	116	8.8	0.9	0.5
毛豆（青豆）	42	69.6	123	515	13.1	5	10.5	4	—	22	0.15	0.07	1.4	27	2.44	135	478	3.9	3.5	1.73
四季豆（菜豆）	95	91.3	28	117	2	0.4	5.7	1.5	—	35	0.04	0.07	0.4	6	1.24	42	123	8.6	1.5	0.23

续表

食物名称	食部（%）	水分（g）	能量（kcal）	能量（kJ）	蛋白质（g）	脂肪（g）	碳水化合物（g）	膳食纤维（g）	胆固醇（mg）	维生素A（μg）	维生素B_1（mg）	维生素B_2（mg）	烟酸（mg）	维生素C（mg）	维生素E（mg）	钙（mg）	钾（mg）	钠（mg）	铁（mg）	锌（mg）
豆角	96	90.0	30	126	2.5	0.2	6.7	2.1	—	200	0.05	0.07	0.9	18	2.24	29	207	3.4	1.5	0.54
黄豆芽	100	88.8	44	184	4.5	1.6	4.5	1.5	—	5	0.04	0.07	0.6	8	0.8	21	160	7.2	0.9	0.54
绿豆芽	100	94.6	18	75	2.1	0.1	2.9	0.8	—	3	0.05	0.06	0.5	6	0.19	9	68	4.4	0.6	0.35
豌豆苗	100	89.6	34	142	4	0.8	4.6	1.9	—	445	0.05	0.11	1.1	67	2.46	40	222	18.5	4.2	0.77
茄果、瓜菜类																				
茄子	96	93.4	21	88	1.1	0.2	4.9	1.3	—	8	0.02	0.04	0.6	5	1.13	24	142	5.4	0.5	0.23
番茄	97	94.4	19	79	0.9	0.2	4	0.5	—	92	0.03	0.03	0.6	19	0.57	10	163	5	0.4	0.13
辣椒（青）	91	91.9	23	96	1.4	0.3	5.8	2.1	—	57	0.03	0.04	0.5	62	0.88	15	209	2.2	0.7	0.22
冬瓜	80	96.6	11	46	0.4	0.2	2.6	0.7	—	13	0.01	0.01	0.3	18	0.08	19	78	1.8	0.2	0.07
黄瓜	86	95.8	15	63	0.8	0.2	2.9	0.5	—	15	0.02	0.03	0.2	9	0.49	24	102	4.9	0.5	0.18
苦瓜	85	93.4	19	79	1	0.1	4.9	1.4	—	17	0.03	0.03	0.4	56	0.85	14	256	2.5	0.7	0.36
南瓜	81	93.5	22	92	0.7	0.1	5.3	0.8	—	148	0.03	0.04	0.4	8	0.36	16	145	0.8	0.4	0.14
丝瓜	83	94.3	20	84	1	0.2	4.2	0.6	—	15	0.02	0.04	0.4	5	0.22	14	115	2.6	0.4	0.21
西葫芦	73	94.9	18	75	0.8	0.2	3.8	0.6	—	5	0.01	0.03	0.2	6	0.34	15	92	5	0.3	0.12
葱蒜类																				
大蒜	29	66.6	126	527	4.5	0.2	27.6	1.1	—	5	0.04	0.06	0.6	7	1.07	39	302	19.6	1.2	0.88
蒜苗	82	88.9	37	155	2.1	0.4	8	1.8	—	47	0.11	0.08	0.5	35	0.81	29	226	5.1	1.4	0.46
蒜薹	98	81.8	61	225	2	0.1	15.4	2.5	—	80	0.04	0.07	0.2	1	1.04	19	161	3.8	4.2	1.04
大葱	82	91	30	126	1.7	0.3	6.5	1.3	—	10	0.03	0.05	0.5	17	0.3	29	144	4.8	0.7	0.4
洋葱	90	89.2	39	163	1.1	0.2	9	0.9	—	3	0.03	0.03	0.3	8	0.14	24	147	4.4	0.6	0.23
韭菜	90	91.8	26	109	2.4	0.4	4.6	1.4	—	235	0.02	0.09	0.8	24	0.96	42	247	8.1	1.6	0.43
嫩茎、叶、花菜类																				
大白菜	85	94.6	17	71	1.5	0.1	3.2	0.8	—	20	0.04	0.05	0.6	31	0.76	50	—	57.5	0.7	0.38
小白菜	94	94.5	15	63	1.5	0.3	2.7	1.1	—	280	0.02	0.09	0.7	28	0.7	90	178	73.5	1.9	0.51
油菜	96	92.9	23	96	1.8	0.5	3.8	1.1	—	103	0.04	0.11	0.7	36	0.88	108	210	55.8	1.2	0.33
菜薹	96	92.4	20	84	3.2	0.4	3	2	—	90	0.08	0.07	0.8	65	0.89	156	192	83.2	2.8	0.72

续表

食物名称	食部（%）	水分（g）	能量（kcal）	能量（kJ）	蛋白质（g）	脂肪（g）	碳水化合物（g）	膳食纤维（g）	胆固醇（mg）	维生素 A（μg）	维生素 B_1（mg）	维生素 B_2（mg）	烟酸（mg）	维生素 C（mg）	维生素 E（mg）	钙（mg）	钾（mg）	钠（mg）	铁（mg）	锌（mg）
菜花	82	92.4	24	100	2.1	0.2	4.6	1.2	—	5	0.03	0.08	0.6	61	0.43	23	200	31.6	1.1	0.38
甘蓝（卷心菜）	86	93.2	22	92	1.5	0.2	4.6	1	—	12	0.03	0.03	0.4	40	0.5	49	124	27.2	0.6	0.25
西兰花	83	90.3	33	138	4.1	0.6	4.3	1.6	—	1202	0.09	0.13	0.9	51	0.91	67	17	18.8	1	0.78
菠菜	89	91.2	24	100	2.6	0.3	4.5	1.7	—	487	0.04	0.11	0.6	32	1.74	66	311	85.2	2.9	0.85
芹菜	74	94.2	14	59	0.8	0.1	3.9	1.4	—	10	0.01	0.08	0.4	12	2.21	48	154	73.8	0.8	0.46
生菜	94	95.7	15	63	1.4	0.4	2.1	0.6	—	60	Tr	0.1	0.2	20	—	70	100	80	1.2	0.43
香菜	81	90.5	31	130	1.8	0.4	6.2	1.2	—	193	0.04	0.14	2.2	48	0.8	101	272	48.5	2.9	0.45
莴苣	49	95.5	14	59	1	0.1	2.8	0.6	—	25	0.02	0.02	0.5	4	0.19	23	212	36.5	0.9	0.33
空心菜	100	92.9	20	84	2.2	0.3	3.6	1.4	—	253	0.03	0.08	0.8	25	1.09	99	243	94.3	2.3	0.39
竹笋	66	92.8	19	79	2.6	0.2	3.6	1.8	—	—	0.08	0.08	0.6	5	0.05	9	389	0.4	0.5	0.33
黄花菜	97	40.3	199	833	19.4	1.4	34.9	7.7	—	307	0.05	0.21	3.1	10	4.92	301	610	59.2	8.1	3.99
水生蔬菜类																				
菱角	74	73	98	410	4.5	0.1	21.4	1.7	—	2	0.19	0.06	1.5	13	—	7	437	5.8	0.6	0.62
藕	88	80.5	70	293	1.9	0.2	16.4	1.2	—	3	0.09	0.03	0.3	44	0.73	39	243	44.2	1.4	0.23
										菌藻类										
菌类																				
金针菇	100	90.2	26	109	2.4	0.4	6	2.7	—	5	0.15	0.19	4.1	2	1.14	—	195	4.3	1.4	0.39
蘑菇（鲜蘑）	97	92.4	20	84	2.7	0.1	4.1	2.1	—	2	0.08	0.35	4	2	0.56	6	312	8.3	1.2	0.92
木耳（水发）	100	91.8	21	88	1.5	0.2	6	2.6	—	3	0.01	0.05	0.2	1	7.51	34	52	8.5	5.5	0.53
平菇	93	92.5	20	84	1.9	0.3	4.6	2.3	—	10	0.06	0.16	3.1	4	0.79	5	258	3.8	1	0.61
香菇	72	91.7	19	79	2.2	0.3	5.2	3.3	—	—	Tr	0.08	2	1	—	2	20	1.4	0.3	0.66
银耳（干）	100	14.6	200	837	10	1.4	67.3	30.4	—	8	0.05	0.25	5.3	—	1.26	36	1588	82.1	4.1	3.03
藻类																				
海带	100	94.4	12	50	1.2	0.1	2.1	0.5	—	—	0.02	0.15	1.3	……	1.85	46	246	8.6	0.9	0.16
紫菜（干）	100	12.7	207	866	26.7	1.1	44.1	21.6	—	228	0.27	1.02	7.3	2	1.82	264	1796	710.5	54.9	2.47

续表

食物名称	食部（%）	水分（g）	能量（kcal）	能量（kJ）	蛋白质（g）	脂肪（g）	碳水化合物（g）	膳食纤维（g）	胆固醇（mg）	维生素 A（μg）	维生素 B_1（mg）	维生素 B_2（mg）	烟酸（mg）	维生素 C（mg）	维生素 E（mg）	钙（mg）	钾（mg）	钠（mg）	铁（mg）	锌（mg）
水果类及其制品																				
苹果	81	85.9	52	218	0.2	0.2	13.5	1.2	—	3	0.06	0.02	0.2	4	2.12	4	119	1.6	0.6	0.19
梨	75	85.8	44	184	0.4	0.2	13.3	3.1	—	6	0.03	0.06	0.3	6	1.34	9	92	2.1	0.5	0.46
山里红（山楂）	93	73	95	397	0.5	0.6	25.1	3.1	—	17	0.02	0.02	0.4	53	7.32	52	299	5.4	0.9	0.28
海棠果	86	79.9	73	305	0.3	0.2	19.2	1.8	—	118	0.05	0.03	0.2	20	0.25	15	263	0.6	0.4	0.04
桃	73	86.4	48	201	0.9	0.1	12.2	1.3	—	3	0.01	0.03	0.7	7	1.54	6	166	5.7	0.8	0.34
李子	91	90	36	151	0.7	0.2	8.7	0.9	—	25	0.03	0.02	0.4	5	0.74	8	144	3.8	0.6	0.14
杏	90	89.4	36	151	0.9	0.1	9.1	1.3	—	75	0.02	0.03	0.6	4	0.95	14	226	2.3	0.6	0.2
枣（鲜）	91	67.4	122	510	1.1	0.3	30.5	1.9	—	40	0.06	0.09	0.9	243	0.78	22	375	1.2	1.2	1.52
樱桃	95	88	46	192	1.1	0.2	10.2	0.3	—	35	0.02	0.02	0.6	10	2.22	11	232	8	0.4	0.23
葡萄	87	88.7	43	180	0.5	0.2	10.3	0.4	—	8	0.04	0.02	0.2	25	0.7	5	104	1.3	0.4	0.18
石榴	62	79.1	63	264	1.4	0.2	18.7	4.8	—	—	0.05	0.03	—	9	4.91	9	231	0.9	0.3	0.19
柿	70	80.6	71	297	0.4	0.1	18.5	1.4	—	20	0.02	0.02	0.3	30	1.12	9	151	0.8	0.2	0.08
猕猴桃	83	83.4	56	234	0.8	0.6	14.5	2.6	—	22	0.05	0.02	0.3	62	2.43	27	144	10	1.2	0.57
草莓	97	91.3	30	126	1	0.2	7.1	1.1	—	5	0.02	0.03	0.3	47	0.71	18	131	4.2	1.8	0.14
橙	73	87.4	47	197	0.8	0.2	11.1	0.6	—	27	0.05	0.04	0.3	33	0.56	20	159	1.2	0.4	0.14
柑橘	77	86.9	51	213	0.7	0.2	11.9	0.4	—	148	0.08	0.04	0.4	28	0.92	35	154	1.4	0.2	0.08
柚	69	89	41	172	0.8	0.2	9.5	0.4	—	2	—	0.03	0.3	23	—	4	119	3	0.3	0.4
柠檬	68	91	35	146	1.1	1.2	6.2	1.3	—	……	0.05	0.02	0.6	22	1.14	101	209	1.1	0.8	0.65
香蕉	70	75.8	91	381	1.4	0.2	22	1.2	—	10	0.02	0.04	0.7	8	0.24	7	256	0.8	0.4	0.18
菠萝	53	88.4	41	172	0.5	0.1	10.8	1.3	—	3	0.04	0.02	0.2	18	—	12	113	0.8	0.6	0.14
桂圆	50	81.4	71	297	1.2	0.1	16.6	0.4	—	3	0.01	0.14	1.3	43	—	6	248	3.9	0.2	0.4
荔枝	73	81.9	70	293	0.9	0.2	16.6	0.5	—	2	0.1	0.04	1.1	41	—	2	151	1.7	0.4	0.17
芒果	68	90.6	32	134	0.6	0.2	8.3	1.3	—	150	0.01	0.04	0.3	23	1.21	Tr	138	2.8	0.2	0.09
白金瓜	55	93	24	100	0.4	Tr	6.2	0.5	—	17	0.05	0.08	0.7	17	—	12	182	1.6	0.4	0.26

续表

食物名称	食部（%）	水分（g）	能量（kcal）	能量（kJ）	蛋白质（g）	脂肪（g）	碳水化合物（g）	膳食纤维（g）	胆固醇（mg）	维生素 A（μg）	维生素 B_1（mg）	维生素 B_2（mg）	烟酸（mg）	维生素 C（mg）	维生素 E（mg）	钙（mg）	钾（mg）	钠（mg）	铁（mg）	锌（mg）
哈密瓜	71	91	34	142	0.5	0.1	7.9	0.2	—	153	……	0.01	……	12	—	4	190	26.7	……	0.13
西瓜	62	93.3	25	105	0.6	0.1	5.8	0.3	—	75	0.02	0.03	0.2	6	0.1	8	87	3.2	0.3	0.1
甜瓜（香瓜）	95	92.9	26	109	0.4	0.1	6.2	0.4	—	5	0.02	0.03	0.3	15	0.47	14	139	8.8	0.7	0.09
坚果种子类																				
核桃（干）	43	5.2	627	2623	14.9	58.8	19.1	9.5	—	5	0.15	0.14	0.9	1	43.21	56	385	6.4	2.7	2.17
栗子（熟）	80	46.6	212	887	4.8	1.5	46	1.2	—	40	0.19	0.13	1.2	36	—	15	—	—	1.7	—
松子（炒）	69	3.6	619	2590	14.1	58.5	21.4	12.4	—	5	……	0.11	3.8	……	25.2	161	612	3	5.2	5.49
花生（炒）	71	4.1	589	2464	21.7	48	23.8	6.3	—	10	0.13	0.12	18.9	……	12.94	47	563	34.8	1.5	2.03
葵花籽（炒）	52	2	616	2577	22.6	52.8	17.3	4.8	—	5	0.43	0.26	4.8	……	26.46	72	491	1322	6.1	5.91
芝麻（白）	100	5.3	517	2163	18.4	39.6	31.5	9.8	—	—	0.36	0.26	3.8	—	38.28	620	266	32.2	14.1	4.21
畜肉类及其制品																				
猪肉（肥，瘦）	100	46.8	580	2427	9.5	59.8	0.9	—	80	18	0.22	0.12	3.5	—	0.35	6	204	59.4	1.6	2.06
猪肉（瘦）	100	40.1	189	790	10.5	15.3	2.4	—	56	21	0.53	0.16	—	—	0.12	34	198	56.2	1.2	2.89
猪肝	100	70.7	129	540	19.3	3.5	5	—	288	4792	0.21	2.08	15	20	0.86	6	235	68.6	22.6	5.78
猪血	100	85.8	55	230	12.2	0.3	0.9	—	51	—	0.03	0.04	0.3	—	0.2	4	56	56	8.7	0.28
猪肉松	100	9.4	396	1657	23.4	11.5	49.7	—	111	44	0.04	0.13	3.3	—	10.02	41	313	469	6.4	4.28
猪肾	89	75	137	573	16	8.1	0	—	—	46	0.29	0.69	6	7	0.33	2	194	124.8	4.6	1.98
火腿	100	47.9	330	1381	16	27.4	4.9	—	120	46	0.28	0.09	8.6	—	0.8	3	220	1086.7	2.2	2.16
牛肉（肥，瘦）	100	72.8	125	523	19.9	4.2	2	—	84	7	0.04	0.14	5.6	—	0.65	23	216	84.2	3.3	4.73
牛肚	100	83.4	72	301	14.5	1.6	0	—	104	2	0.03	0.13	2.5	—	0.51	40	162	60.6	1.8	2.31
牛筋	100	62	151	632	34.1	0.5	2.6	—	—	……	0.07	0.13	0.7	—	—	5	23	153.6	3.2	0.81
羊肉	100	65.7	203	849	19	14.1	0	—	92	22	0.05	0.14	4.5	—	0.26	6	232	80.6	2.3	3.22
羊肝	100	69.7	134	561	17.9	3.6	7.4	—	349	20972	0.21	1.75	22.1	—	29.93	8	241	123	7.5	3.45
狗肉	100	76	116	485	16.8	4.6	1.8	—	62	12	0.34	0.2	3.5	—	1.4	52	140	47.4	2.9	3.18

续表

食物名称	食部（%）	水分（g）	能量（kcal）	能量（kJ）	蛋白质（g）	脂肪（g）	碳水化合物（g）	膳食纤维（g）	胆固醇（mg）	维生素A（μg）	维生素 B_1（mg）	维生素 B_2（mg）	烟酸（mg）	维生素C（mg）	维生素E（mg）	钙（mg）	钾（mg）	钠（mg）	铁（mg）	锌（mg）
兔肉	100	76.2	102	427	19.7	2.2	0.9	—	59	26	0.11	0.1	5.8	—	0.42	12	284	45.1	2	1.3
禽肉类及其制品																				
鸡	34	69	167	699	19.3	9.4	1.3	—	106	48	0.05	0.09	5.6	—	0.67	9	251	63.3	1.4	1.09
鸡翅	69	65.4	194	812	17.4	11.8	4.6	—	113	68	0.01	0.11	5.3	—	0.25	8	205	50.8	1.3	1.12
肯德基（炸鸡）	70	49.4	279	1167	20.3	17.3	10.5	—	198	23	0.03	0.17	16.7	—	6.44	109	232	755	2.2	1.66
瓦罐鸡汤（汤）	100	95.2	27	113	1.3	2.4	0	—	24	……	0.01	0.07	—	—	0.21	2	39	251.4	0.3	Tr
鸭	24	63.9	240	1004	15.5	19.7	0.2	—	94	52	0.08	0.22	4.2	—	0.27	6	191	69	2.2	1.33
鸭肝	100	76.3	128	536	14.5	7.5	0.5	—	341	1040	0.26	1.05	6.9	18	1.41	18	230	87.2	23.1	3.08
北京烤鸭	80	38.2	436	1824	16.6	38.4	6	—	—	36	0.04	0.36	4.5	—	0.97	35	247	83	2.4	1.25
鹅	66	61.4	251	1050	17.9	19.9	0	—	74	42	0.07	0.23	4.9	—	0.22	4	232	58.8	3.8	1.36
乳类及其制品																				
牛乳（强化AD）	100	89	51	213	2.7	2	5.6	—	—	66	0.02	0.08	0.1	3	—	140	130	42.6	0.2	0.38
羊乳	100	88.9	59	247	1.5	3.5	5.4	—	31	84	0.04	0.12	2.1	—	—	82	135	20.6	0.5	0.29
人乳（母乳）	100	87.6	65	272	1.3	3.4	7.4	—	11	11	0.01	0.05	0.2	5	—	30	—	—	0.1	0.28
全脂牛乳奶粉	100	2.3	478	2000	20.1	21.2	51.7	—	110	141	0.11	0.73	0.9	4	0.48	676	449	260.1	1.2	3.14
酸奶	100	84.7	72	301	2.5	2.7	9.3	—	15	26	0.03	0.15	0.2	1	0.12	118	150	39.8	0.4	0.53
奶油	100	0.7	879	3678	0.7	97	0.9	—	209	297	……	0.01	0	……	1.99	14	226	268	1	0.09
黄油	100	0.5	888	3715	1.4	98	0	—	296	—	—	0.02	—	—	—	35	39	40.3	0.8	0.11
炼乳	100	26.2	332	1389	8	8.7	55.4	—	36	41	0.03	0.16	0.3	2	0.28	242	309	211.9	0.4	1.53
蛋类及其制品																				
鸡蛋（白皮）	87	75.8	138	577	12.7	9	1.5	—	585	310	0.09	0.31	0.2	—	1.23	48	98	94.7	2	1.1
鸡蛋（红皮）	88	73.5	156	653	12.8	11.1	1.3	—	585	194	0.13	0.32	0.2	—	2.29	44	121	125.7	2.3	1.01
鸡蛋（土鸡）	88	72.6	138	577	14.4	6.4	5.6	—	1338	199	0.12	0.19	Tr	……	1.36	76	244	174	1.7	1.28
鸭蛋	87	70.3	180	753	12.6	13	3.1	—	565	261	0.17	0.35	0.2	—	4.98	62	135	106	2.9	1.67

续表

食物名称	食部（%）	水分（g）	能量（kcal）	能量（kJ）	蛋白质（g）	脂肪（g）	碳水化合物（g）	膳食纤维（g）	胆固醇（mg）	维生素A（μg）	维生素B_1（mg）	维生素B_2（mg）	烟酸（mg）	维生素C（mg）	维生素E（mg）	钙（mg）	钾（mg）	钠（mg）	铁（mg）	锌（mg）
鸭蛋（松花蛋）	90	68.4	171	715	14.2	10.7	4.5	—	608	215	0.06	0.18	0.1	—	3.05	63	152	542.7	3.3	1.48
鹌鹑蛋	86	73	160	669	12.8	11.1	2.1	—	515	337	0.11	0.49	0.1	—	3.08	47	138	106.6	3.2	1.61
鱼虾蟹贝类																				
鱼类																				
草鱼	58	77.3	113	473	16.6	5.2	0	—	86	11	0.04	0.11	2.8	—	2.03	38	312	46	0.8	0.87
黄鳝	67	78	89	372	18	1.4	1.2	—	126	50	0.06	0.98	3.7	—	1.34	42	263	70.2	2.5	1.67
鲤鱼	62	76.7	109	456	17.6	4.1	0.5	—	84	25	0.03	0.09	2.7	—	1.27	50	334	53.7	1	2.08
青鱼	63	73.9	118	494	20.1	4.2	0	—	108	42	0.03	0.07	2.9	—	0.81	31	325	47.4	0.9	0.96
鲶鱼	65	78	103	431	17.3	3.7	0	—	163	—	0.03	0.1	2.5	—	0.54	42	351	49.6	2.1	0.53
鲢鱼	61	77.4	104	435	17.8	3.6	0	—	99	20	0.03	0.07	2.5	—	1.23	53	277	57.5	1.4	1.17
带鱼	76	73.3	127	531	17.1	4.9	3.1	—	76	29	0.02	0.06	2.8	—	0.82	28	280	150.1	1.2	0.7
鲫鱼（喜头鱼）	54	75.4	108	452	17.1	2.7	3.8	—	130	17	0.04	0.09	2.5	—	0.68	79	290	41.2	1.3	1.94
鳙鱼（胖头）	61	76.5	100	418	15.3	2.2	4.7	—	112	34	0.04	0.11	2.8	—	2.65	82	229	60.6	0.8	0.76
黄鱼（小）	62	77.9	99	414	17.9	3	0.1	—	74	……	0.04	0.04	2.3	—	1.19	78	228	103	0.9	0.94
鲈鱼	58	76.5	105	439	18.6	3.4	0	—	86	19	0.03	0.17	3.1	—	0.75	138	205	144.1	2	2.83
虾类																				
虾皮	100	42.4	153	640	30.7	2.2	2.5	—	428	19	0.02	0.14	3.1	—	0.92	991	617	5057.7	6.7	1.93
河虾	26	78.1	87	364	16.4	2.4	0	—	240	48	0.04	0.03	……	—	5.33	325	329	133.8	4	2.24
海虾	70	79.3	79	331	16.8	0.6	1.5	—	117	……	0.01	0.05	1.9	—	2.79	146	228	302.2	3	1.44
虾米	100	37.4	198	828	43.7	2.6	0	—	525	21	0.01	0.12	5	—	1.46	555	550	4891	11	3.82
蟹类								—						—						
海蟹	42	77.1	95	397	13.8	2.3	4.7	—	125	30	0.01	0.1	2.5	—	2.99	208	232	260	1.6	3.32
河蟹	40	75.8	103	431	17.5	2.6	2.3	—	267	389	0.06	0.28	1.7	—	6.09	126	181	193.5	2.9	3.68
蟹肉	100	84.4	62	259	11.6	1.2	1.1	—	65	—	0.03	0.09	4.3	—	2.91	231	214	270	1.8	2.15

续表

食物名称	食部（%）	水分（g）	能量（kcal）	能量（kJ）	蛋白质（g）	脂肪（g）	碳水化合物（g）	膳食纤维（g）	胆固醇（mg）	维生素A（μg）	维生素 B_1（mg）	维生素 B_2（mg）	烟酸（mg）	维生素C（mg）	维生素E（mg）	钙（mg）	钾（mg）	钠（mg）	铁（mg）	锌（mg）
贝类								—						—						
河蚌	47	85.3	54	226	10.9	0.8	0.7	—	103	243	0.01	0.18	0.7	—	1.36	248	17	17.4	26.6	6.23
牡蛎	40	82	73	305	5.3	2.1	8.2	—	100	27	0.01	0.13	1.4	—	0.81	131	200	462.1	7.1	9.39
扇贝（鲜）	49	84.2	60	251	11.1	0.6	2.6	—	140	……	Tr	0.1	0.2	—	11.85	142	122	339	7.2	11.69
蛤蜊	20	84.1	62	259	10.1	1.1	2.8	—	156	21	0.01	0.13	1.5	—	2.41	133	140	425.7	10.9	2.38
螺	38	73.6	100	418	15.7	1.2	6.6	—	—	26	0.03	0.4	1.8	—	7.58	722	167	153.3	7	4.6
小吃类																				
春卷	100	23.5	463	1937	6.1	33.7	34.8	1	—	……	0.01	0.01	3	—	3.89	10	89	485.8	1.9	0.83
煎饼	100	6.8	336	1406	7.6	0.7	83.8	9.1	—	—	0.1	0.04	0.2	—	—	9	117	85.5	7	1.62
凉粉	100	90.5	37	155	0.2	0.3	8.9	0.6	—	—	0.02	0.01	0.2	—	—	9	5	2.8	1.3	0.24
面窝	100	38.1	289	1209	5.2	10.7	44	1.1	—	—	0.01	0.01	0.7	—	1.53	38	95	154.8	0.4	0.01
年糕	100	60.9	154	644	3.3	0.6	34.7	0.8	—	……	0.03	—	1.9	—	1.15	31	81	56.4	1.6	1.36
热干面	100	63	152	636	4.2	2.4	28.7	0.2	—	—	Tr	Tr	—	—	0.29	67	46	165.8	2.8	……
豆皮	100	51.2	237	992	6	10.2	31	0.6	70	74	0.05	0.08	1.1	—	2.83	4	21	207.3	1.3	0.58
蛋糕甜点类																				
蛋糕	100	18.6	347	1452	8.6	5.1	67.1	0.4	—	86	0.09	0.09	0.8	—	2.8	39	77	67.8	2.5	1.01
月饼（豆沙）	100	11.7	405	1695	8.2	13.6	65.6	3.1	—	7	0.05	0.05	1.9	—	8.06	64	211	22.4	3.1	0.64
麻花	100	6	524	2192	8.3	31.5	53.4	1.5	—	……	0.05	0.01	3.2	—	21.6	26	213	99.2	—	3.06
核桃酥	100	5.4	481	2013	7.1	21.8	65.1	1.1	—	—	0.02	0.05	2.3	—	14.14	48	90	33.9	3.1	0.69
绿豆糕	100	11.5	349	1460	12.8	1	73.4	1.2	—	47	0.23	0.02	6.1	—	3.68	24	416	11.6	7.3	1.04
速食食品																				
麦片	100	11.3	351	1469	12.4	7.4	67.3	8.6	—	—	0.2	0.06	4.5	—	1.45	8	306	20.9	1.6	0.79
方便面	100	3.6	472	1975	9.5	21.1	61.6	0.7	—	—	0.12	0.06	0.9	—	2.28	25	134	1144	4.1	1.06
面包	100	27.4	312	1305	8.3	5.1	58.6	0.5	—	—	0.03	0.06	1.7	—	1.66	49	88	230.4	2	0.75

续表

食物名称	食部（%）	水分（g）	能量（kcal）	能量（kJ）	蛋白质（g）	脂肪（g）	碳水化合物（g）	膳食纤维（g）	胆固醇（mg）	维生素A（μg）	维生素B_1（mg）	维生素B_2（mg）	烟酸（mg）	维生素C（mg）	维生素E（mg）	钙（mg）	钾（mg）	钠（mg）	铁（mg）	锌（mg）
饼干	100	5.7	433	1812	9	12.7	71.7	1.1	81	37	0.08	0.04	4.7	3	4.57	73	85	204.1	1.9	0.91
饮料类																				
可乐（百事）	100	93.1	28	117	0.2	0.1	6.5	—	—	……	……	……	……	—	—	43	1	22.7	0.3	0.19
橙汁汽水	100	94.9	20	84	……	……	5.1	—	—	10	……	0.02	……	……	—	10	3	8.1	0.1	0.02
橘子汁	100	70.1	119	498	……	0.1	29.6	—	—	2	—	……	……	2	—	4	6	18.6	0.1	0.03
杏仁露	100	89.7	46	192	0.9	1.1	8.1	—	52	—	Tr	0.02	—	1	—	4	1	9.2	—	0.02
茶水	100	99.8	0	0	0.1	……	0	—	0.1	—	……	……	……	—	—	2	6	3.9	0.1	0.03
冰淇淋	100	74.4	127	531	2.4	5.3	17.3	—	—	48	0.01	0.03	0.2	—	0.24	126	125	54.2	0.5	0.37
啤酒	100	96	31	130	0.4	0.1	—	—	—	—	—	0.05	1.2	—	—	4	14	8.3	0.1	0.21
糖及其制品类																				
白砂糖	100	Tr	400	1674	……	……	99.9	……	—	—	……	……	……	……	—	20	5	0.4	0.6	0.06
冰糖	100	0.6	397	1661	……	……	99.3	……	—	—	0.03	0.03	……	—	—	23	1	2.7	1.4	0.21
红糖	100	1.9	389	1628	0.7	……	96.6	—	—	—	0.01	—	0.3	—	—	157	240	18.3	2.2	0.35
蜂蜜	100	22	321	1343	0.4	1.9	75.6	—	—	—	……	0.05	0.1	3	—	4	28	0.3	1	0.37
奶糖	100	5.6	407	1703	2.5	6.6	84.5	……	—	—	0.08	0.17	0.6	—	—	50	75	222.5	3.4	0.29
巧克力	100	1	586	2452	4.3	40.1	53.4	1.5	—	—	0.06	0.08	1.4	—	1.62	111	254	111.8	1.7	1.02
油脂类																				
牛油	100	0.2	898	3494	—	92	1.8	—	153	54	—	—	—	—	—	9	3	9.4	3	0.79
猪油（炼）	100	0.2	897	3753	……	99.6	0.2	—	93	27	0.02	0.03	……	—	5.21	—	—	—	—	—
菜子油	100	0.1	899	3761	……	99.9	0	—	—	—	……	……	Tr	—	60.89	9	2	7	3.7	0.54
豆油	100	0.1	899	3761	……	99.9	0	—	—	—	……	Tr	Tr	—	93.08	13	3	4.9	2	1.09
花生油	100	0.1	899	3761	……	99.9	0	—	—	—	……	Tr	Tr	—	42.06	12	1	3.5	2.9	0.48
色拉油	100	0.2	898	3757	……	99.8	0	—	64	—	……	……	Tr	—	24.01	18	3	5.1	1.7	0.23
芝麻油（香油）	100	0.1	898	3757	……	99.7	0.2	—	—	—	……	……	Tr	—	68.53	9	……	1.1	2.2	0.17

续表

食物名称	食部（%）	水分（g）	能量（kcal）	能量（kJ）	蛋白质（g）	脂肪（g）	碳水化合物（g）	膳食纤维（g）	胆固醇（mg）	维生素 A（μg）	维生素 B_1（mg）	维生素 B_2（mg）	烟酸（mg）	维生素 C（mg）	维生素 E（mg）	钙（mg）	钾（mg）	钠（mg）	铁（mg）	锌（mg）
调味品类																				
酱油	100	67.3	63	264	5.6	0.1	10.1	0.2	—	—	0.05	0.13	1.7	—	—	66	337	5757	8.6	1.17
醋	100	90.6	31	130	2.1	0.3	4.9	……	—	—	0.03	0.05	1.4	—	—	17	351	262.1	6	1.25
豆瓣酱	100	46.6	178	745	13.6	6.8	17.1	1.5	—	—	0.11	0.46	2.4	—	0.57	53	772	6012	16.4	1.47
腐乳（白）	100	68.3	133	556	10.9	8.2	4.8	0.9	—	22	0.03	0.04	1	—	8.4	61	84	2460	3.8	0.69
五香粉	100	12.4	348	1456	1	8	73.3	5.3	—	—	……	0.03	1.5	—	9.59	181	1138	27.2	34.4	2.79
精盐	100	0.1	0	0	……	……	0	………	—	—	—	—	—	—	—	22	14	39311	1	0.24
味精	100	0.2	268	1121	40.1	0.2	26.5	—	—	—	0.08	0	0.3	—	—	100	4	8160	1.2	0.31

本表符号说明：—未测出，…… 未检出，Tr 微量

第二章　预防医学习题

第一节　流行病学原理与方法

一、单项选择题

1. 关于现况调查的叙述，错误的是（　　）

A. 抽样调查是一种观察法　　B. 整群抽样适用于大规模调查

C. 单纯随机抽样所得代表性最好　　D. 普查不适用于发病率很低的疾病

2. 流行病学医师进行社区诊断最常用的流行病学方法是（　　）

A. 病例对照研究　　B. 横断面调查　　C. 纵向研究　　D. 队列研究

3. 某村人口数为 60 万，对该村进行了一次高血压普查，共查出高血压病例 180 人，由此可得出（　　）

A. 该村高血压发病率为 30/10 万　　B. 该村高血压罹患率为 30/10 万

C. 该村高血压患病率为 30/10 万　　D. 该村高血压续发率为 30/10 万

4. 为了研究人群中慢性病的流行情况，某化工厂职工医院组织了针对全体一线作业工人的健康体检工作，在 2017 年 6 月 10～16 日完成全部工人体检。通过测量工人血压血糖，发现在 2000 名职工中，血压偏高者 200 人，血糖偏高者 120 人。请问这一研究方式应该属于（　　）

A. 描述性研究　　B. 分析性研究　　C. 实验性研究　　D. 防治性研究

5. 为了探索新生儿黄疸的病因，某研究者选择了 100 例确诊为新生儿黄疸的病例，同时选择了同期同医院确诊没有黄疸的新生儿 100 例，然后查询产妇的分娩卡片，了解其妊娠期间中与分娩过程的各种暴露情况。这种研究属于（　　）

A. 病例对照研究　　B. 回顾性队列研究　　C. 临床试验　　D. 社区试验

6. 英国人群的肺癌死亡率为 80/10 万，其中重度吸烟者为 160/10 万，非吸烟者为 8/10 万。重度吸烟者归因危险度百分比是（　　）

A. 80.0%　　B. 90.0%　　C. 20.0%　　D. 95.0%

7. 队列研究的主要目的是（　　）

A. 描述疾病分布特征，寻找病因线索

B. 观察并比较暴露组与非暴露组的发病情况及其差别，检验病因假说

C. 探讨干预措施在干预组与非干预组的效果及差别，评价干预效果

D. 探讨病例组与对照组之间某些因素暴露的差别，检验病因假说

8. 队列研究时，当研究对象多且变化较大、随访时间较长时，应采用的指标是（　　）

A. 发病率　　B. 发病密度　　C. 累积发病率　　D. 患病率

9. 某研究者进行了一项关于脂肪摄入与男性前列腺癌关系的队列研究，选择高脂肪和低脂肪摄入者各 100 名，从 65 岁对他们随访 10 年。在随访期间，高脂肪摄入组中有 10 人、低脂肪摄入组中有 5 人被诊断患有前列腺癌。请问患前列腺癌的危险比（高脂肪摄入组比低脂肪摄入组）是（　　）

A. 0.05　　B. 0.75　　C. 1.0　　D. 1.5

10. 病例对照研究与队列研究的共同点是（　　）

A. 从因到果　　B. 均适用于罕见病调查

C. 是前瞻性的　　D. 设立比较组

11. 在某些情况下，用病例对照研究方法估计暴露和疾病的联系可能比队列研究方法更好，其原因是（　　）

A. 适用于罕见疾病的研究　　B. 可以确定因果关系

C. 能减少研究误差　　D. 可以减少选择偏倚

12. 队列研究中研究对象应选择（　　）

A. 在患某病者中选择有、无某暴露因素的两个组

B. 在患该病者中选择有某暴露因素的为一组，在无该病者中选择无该暴露因素的为另一组

C. 在无患该病者中选择有某暴露因素的为一组，在有该病者中选择无该暴露因素的为另一组

D. 在无该病者中，选择有、无某暴露因素的两个组

13. 队列研究最大的优点是（　　）

A. 对较多的人进行较长期的随访　　B. 发生偏倚的机会少

C. 较直接地验证病因与疾病的因果关系　　D. 较易控制混杂因子

14. 检验病因假设的流行病学研究方法有（　　）

A. 横断面调查　　B. 筛检　　C. 前瞻性队列研究　　D. 临床试验

15. 对漏诊后果严重的疾病，要求用于筛检或诊断试验具备的最重要指标是（　　）

A. 灵敏度高　　B. 灵敏度低　　C. 特异度高　　D. 特异度低

16. 一项诊断试验，其灵敏度为 95%，特异度为 85%，将其用于患病率为 2‰的人群中进行筛查。该试验的漏诊率为（　　）

A. 0.79%　　B. 15%　　C. 5%　　D. 25%

17. 一种筛检乳腺癌的试验，应用于已经病理检查证实的乳腺癌患者 400 人和未患乳腺癌 400 人。结果患癌组有 100 例阳性，未患癌组有 50 例阳性。则该试验的特异度为（　　）

A. 100/400　　B. 350/400　　C. 100/150　　D. 100/300

18. 对 400 名有乳腺癌史的妇女和 400 名无该病史妇女进行 X 线诊断，结果前者中有 100 例阳性，后者有 50 例阳性。根据上述资料，请判断该试验的灵敏度为（　　）

A. 87.5%　　B. 67%　　C. 25%　　D. 33%

19. 糖尿病诊断试验中，将血糖诊断标准向右移则很可能导致（　　）

A. 灵敏度和特异度都增加　　B. 灵敏度减小而特异度增加

C. 灵敏度和特异度都减小　　D. 特异度减小而灵敏度增加

20. 一项筛检试验，其灵敏度为 80%，特异度为 90%，将其用于患病率为 1‰的人群中进行筛查。该试验的误诊率为（　　）

A. 0.79%　　B. 10%　　C. 20%　　D. 25%

21. 病例对照研究中，调查对象应当是（　　）

A. 病例组选择怀疑患某种疾病的人，对照组选择未患某种疾病的人

B. 病例组为确定患某种疾病的人，对照组为怀疑患某种疾病的人

C. 病例和对照均未确定患某种疾病

D. 病例应是确定患某种疾病的人，对照是不患某种疾病的人

22. 医学统计学中所说的参数是（　　）

A. 计数资料的统计指标　　B. 计量资料的统计指标

C. 描述总体特征的指标　　D. 描述样本特征的指标

23. 流行性感冒患者 100 人，接受某药物治疗后的疗效为：治愈 35 人，显效 45 人，无效 20 人。该资料属于（　　）

A. 计量资料　　B. 等级资料

C. 无序多分类资料　　D. 计数资料

24. 研究者在某地随机抽样，收集了成年人的血压资料，该资料不可能整理为（　　）

A. 计数资料　　B. 计量资料

C. 等级资料　　D. 无序多分类资料

25. 抽样研究的目的是（　　）

A. 研究样本统计量　　B. 研究总体参数

C. 由样本推断总体　　D. 由总体推断样本

26. 关于流行病学，下列说法正确的是（　　）
A. 从个体的角度研究疾病和健康状况及其影响因素
B. 只研究疾病的防治措施
C. 研究人群中疾病和健康状况分布及其影响因素
D. 只研究疾病的分布状态
27. 流行病学工作的 3 个阶段是（　　）
A. 提出假设、检验假设、验证假设
B. 揭示现象、找出原因、提供措施
C. 整理资料、分析资料、得出结论
D. 筛查患者、确诊患者、治疗患者
28. 流行病学研究的对象是（　　）
A. 个体　B. 非患者　C. 患者　D. 人群
29. 下列属于分析流行病学方法的是（　　）
A. 横断面研究　B. 生态学研究
C. 纵向研究　D. 病例对照研究
30. 流行病学研究的观察法与实验法的根本区别在于（　　）
A. 设立对照组　B. 盲法
C. 是否人为控制研究的条件　D. 不设立对照组
31. 一位研究者选择了 100 名新生儿黄疸患儿，并在同一医院选择了 100 名未患此病的婴儿，随后查阅了婴儿母亲的妇科和分娩记录，以确定产前和分娩中的各种暴露因素，该研究属于（　　）
A. 现况研究　B. 前瞻性队列研究
C. 病例报告　D. 病例对照研究
32. 2016 年 6 月，某市一小学出现聚集性甲肝疫情，经调查发现，患者主要以寄宿学生为主，发病集中在 6 月中下旬。这种调查研究属于（　　）
A. 研究疾病自然史　B. 疾病筛检
C. 探讨疾病的预防效果　D. 描述疾病的分布
33. 研究吸烟与肺癌的关系，依据现在是否吸烟，将某目标人群分为吸烟组和非吸烟组，然后对两组研究对象进行一定时间的追踪，观察两组研究对象的肺癌发病和死亡情况，这种研究属于（　　）
A. 回顾性队列研究　B. 病例对照研究　C. 前瞻性队列研究　D. 横断面研究
34. 对儿童进行急性呼吸道感染监测，测量疾病的频率指标是（　　）
A. 罹患率　B. 发病率　C. 患病率　D. 时点患病率
35. 对于一种危害严重的疾病，采取针对病因的措施后，在评价其预防效果时应采用的指标最合适的是（　　）
A. 死亡率　B. 病死率　C. 患病率　D. 发病率
36. 在比较不同地区发病率或死亡率时应注意（　　）
A. 年龄别发病率和年龄别死亡率　B. 性别发病率和性别死亡率
C. 标化发病率和标化死亡率　D. 职业别发病率和职业别死亡率
37. 在满足一定条件下，发病率、患病率和病程三者的正确关系是（　　）
A. 患病率=发病率×病程　B. 患病率=发病率+病程
C. 患病率=发病率–病程　D. 发病率=患病率×病程
38. 一种疗法可以延长患者寿命，但不能治愈疾病，这样在人群中（　　）
A. 该病的发病率会上升　B. 该病的患病率会下降
C. 该病的患病率会上升　D. 该病的患病率、发病率均会上升
39. 下列不是疾病时间分布变化形式的是（　　）
A. 短期波动　B. 散发　C. 季节性　D. 周期性

40. 某地区在一个月内进行了糖尿病的普查，可计算当地糖尿病的（　　）

A. 发病率　　B. 罹患率　　C. 患病率　　D. 二代发病率

41. 某地区 1960 年度疫情资料统计，狂犬病患者 100 人全部死亡。此资料可计算（　　）

A. 死亡率　　B. 标化死亡率　　C. 死亡专率　　D. 病死率

42. 在描述流行病学中，一般影响疾病人群分布最主要的人群特征是（　　）

A. 性别　　B. 年龄　　C. 民族　　D. 职业

43. 县卫健委组织人员对全县麻风病进行普查，在 1 个月查完全县 40 万人口，共查处麻风病患者 80 人，麻风病的（　　）

A. 发病率为 20/10 万　　B. 患病率为 20/10 万

C. 罹患率为 20/10 万　　D. 续发率为 20/10 万

44. 某单位参加年终会餐的 100 人中，有 30 人因食用被污染的食物，于会餐后 2 天内发生腹泻、腹痛。这 30%是（　　）

A. 感染率　　B. 患病率　　C. 发病率　　D. 罹患率

45. 1983 年某市乙脑发病率为 1/万，该市历年来乙脑发病率一般波动在（0.8～1.0）/万。判断该市 1983 年乙脑的流行强度属于（　　）

A. 散发　　B. 流行　　C. 大流行　　D. 暴发

46. 流脑一般发病率为（10～20）/10 万，1966 年全国流脑发病率高达（200～400）/10 万，这种情况是（　　）

A. 散发　　B. 流行　　C. 大流行　　D. 暴发

47. 某地自然环境适宜于病原体发育或传播媒介的存在，使一些疾病在该地区经常存在，称为（　　）

A. 自然地方性　　B. 自然疫源性　　C. 统计地方性　　D. 输入性

48. 在抽样调查中，使样本具有代表性的条件为（　　）

A. 目标人群患病率高　　B. 样本足够大

C. 采用随机抽样技术　　D. 样本足够大并且采用随机抽样技术

49. 属于现况研究特点的是（　　）

A. 随访观察　　B. 随机分组

C. 人为施加干预因素　　D. 不需要特设对照组

50. 下列研究方法中，又有患病率研究之称的是（　　）

A. 生态学研究　　B. 现况研究

C. 队列研究　　D. 病例对照研究

51. 某地预采用简单随机抽样了解其 40 岁以上人群中抑郁症的患病率，估计该人群的患病率为 10%，允许误差为 2%，设 a=0.05，则需要的样本含量约为（　　）

A. 1200　　B. 1600　　C. 3600　　D. 4000

52. 属于普查优点的为（　　）

A. 获得信息无抽样误差

B. 省时间

C. 能够将工作做得细致

D. 仅适用于患病率较高、变异程度不太大的疾病调查

53. 抽样误差最大的抽样方法为（　　）

A. 系统抽样　　B. 分层抽样

C. 整群抽样　　D. 单纯随机抽样

54. 某学者欲了解某中学学生自杀意念的情况，在 6 个年级，每个年级 10 个班，每班约 50 人，相同年级各班学习情况、男女比例相差不大，欲抽取 600 人进行调查，最合适的抽样方法是（　　）

A. 先整群抽样再分层抽样　　B. 分层抽样

C. 整群抽样　　D. 先分层抽样再整群抽样

55. 约翰 · 斯诺（John Snow）在伦敦开展的霍乱标点地图研究中，比较了不同饮水区的病例数，发现了宽街供水区较其他供水区有较多的病例数，并得到水与霍乱的发生有关，该研究为（　　）

A. 现况研究　　B. 病例对照研究

C. 队列研究　　D. 生态学研究

56. 计算新冠疫苗接种后血清学检验的阳转率，分母是（　　）

A. 新冠易感人数　　B. 新冠患病人数

C. 新冠疫苗接种后的阳转人数　　D. 新冠疫苗接种人数

57. 进行不同地区死亡率比较时，计算标准化死亡率的目的是（　　）

A. 减少死亡率估计的抽样误差　　B. 消除各地区内部构成不同的影响

C. 便于进行不同地区死亡率比较　　D. 减少死亡率估计的偏倚

58. 以医院为基础的病例对照研究，最易出现的偏倚是（　　）

A. 信息偏倚　　B. 选择偏倚　　C. 观察偏倚　　D. 混杂偏倚

59. 从调查资料据得知甲县恶性肿瘤患病率高于乙县，经标准化后甲县恶性肿瘤患病率低于乙县，其原因最有可能是（　　）

A. 甲县的诊断水平比乙县高

B. 甲县的老年人口在总人口中所占的比例比乙县小

C. 甲县的老年人口在总人口中所占的比例比乙县大

D. 甲县的肿瘤防治工作比乙县好

60. 下面指标中最能反映某年某病预防工作水平的是（　　）

A. 发病率　　B. 患病率　　C. 死亡率　　D.病死率

61. 反映各类疾病危害程度的指标是（　　）

A. 病死人数　　B. 死亡占比　　C. 病死率　　D. 病人数

62. 下列说法中，不属于队列研究特点的是（　　）

A. 由因及果的前瞻性研究　　B. 能同时研究一种因素与多种疾病的关系

C. 因果关联的说服力大于病例对照研究　　D. 属于描述性研究

63. 不属于队列研究中对照形式的是（　　）

A. 内对照　　B. 外对照　　C. 安慰剂对照　　D. 总人口对照

64. 队列研究中，以人时为单位计算的率为（　　）

A. 累计发病率　　B. 时点患病率　　C. 发病密度　　D. 病死率

65. 在队列研究中，暴露组的疾病发病率与非暴露组的疾病发病率的差值称为（　　）

A. RR　　B. AR　　C. OR　　D. PAR

66. 相对于病例对照研究，不属于队列研究缺点的是（　　）

A. 适宜于研究发病率低的疾病　　B. 设计要求高，实施复杂

C. 观察时间长，易发生失访偏倚　　D. 暴露与疾病的时间关系不易判断

67. 关于结局的说法，正确的是（　　）

A. 结局是观察人群中出现的预期结果事件

B. 结局是观察终止的时间

C. 研究对象死于非研究疾病时，可视为达到了结

D. 结局不是队列研究的观察终点

68. 由因到果的研究为（　　）

A. 病例对照研究　　B. 生态学研究　　C. 队列研究　　D. 现况研究

69. OR 主要用于（　　）

A. 队列研究　　B. 病例对照研究　　C. 纵向研究　　D. 个案研究

70. 在病例对照研究中，若病例组某危险因素暴露者的比例在统计学上明显高于对照组，则表明（　　）

A. 该因素与疾病有因果关联　　B. 该因素与疾病有统计学关联

C. 该因素是疾病的病因　　D. 该病由该因素引起

71. 在病例对照研究中，代表性最好的病例来源是（　　）

A. 来自医院的新发病例　　B. 来自医院的现患病例

C. 来自社区的新发病例　　D. 来自社区的现患病例

72. 根据 200 个人的发铅值（呈偏态分布），计算“正常人”发铅值的 95%的参考值范围应选择（　　）

A. 单上侧正态分布法　　B. 单上侧百分位数法

C. 单下侧正态分布法　　D. 单下侧百分位数法

73. 关于 RR 及 OR 的说法，下面错误的是（　　）

A. 皆可反映待研究因素与疾病的关联强度

B. 在病例对照研究中，采用 OR 来反映疾病与暴露因素之间的联系

C. 在患病率很低的情况下，OR 近似等于 RR

D. OR 通常为暴露人群的发病率与非暴露人群的发病率之比

74. 能够实现早期发现和治疗患者的方法是（　　）

A. 抽样调查　　B. 普查　　C. 个案调查　　D. 纵向研究

75. 根据现况研究资料可以计算出（　　）

A. 发病率　　B. 患病率　　C. 死亡率　　D. 病死率

76. 现况研究一般不包括的偏倚是（　　）

A. 回忆偏倚　　B. 无应答偏倚　　C. 失访偏倚　　D. 信息偏倚

77. 某地区为调查中小学生近视率，以及在不同年级、城乡中的分布状态，在全区 40 所中小中进行抽样调查，较合理的抽样方法是（　　）

A. 采用整群抽样的方法　　B. 采用分层抽样的方法

C. 先分层抽样，再整群抽样　　D. 先整群抽样，再分层抽样

78. 某项队列研究得出的病因分值为 90%，说法正确的是（　　）

A. 总人群中发病或死亡 90%归因于暴露因素

B. 暴露组的发病危险是对照组的 90%

C. 暴露人群中发病或死亡 90%归因于暴露因素

D. 暴露人群中发病或死亡 10%归因于暴露因素

79. 某研究得出某因素与疾病的关系 RR=1，95%的可信区间为 0.7～1.5，这意味着（　　）

A. 该 RR 值 95%的可能是错误的

B. 该 RR 值在 0.7～1.5 的机会为 95%

C. 该 RR 值说明该因素与疾病无关，而 95%可信区间说明有联系

D. 存在偏倚的可能性为 95%

80. 在一项吸烟与肺癌关系的队列研究中，吸烟者肺癌死亡率为 0.096%，不吸烟者为 0.007%，一般人群为 0.056%，则人群归因危险度为（　　）

A. 0.040%　　B. 0.049%　　C. 0.089%　　D. 87.5%

81. 一项饮酒与冠心病关系的队列研究结果显示 RR=4.5，对结果最恰当的解释是（　　）

A. 饮酒组发生冠心病的危险比对照组增加 4.5 倍

B. 饮酒组发生冠心病的危险是对照组的 4.5 倍

C. 饮酒组发生冠心病的危险显著高于对照组

D. 冠心病组饮酒的比例显著高于对照组

82. 某研究者进行了一项关于脂肪摄入与男性前列腺癌关系的队列研究，选择高脂肪和低脂肪摄入者各 100 名，随访 10 年，高脂肪摄入组中有 10 人发生前列腺癌，低脂肪摄入组有 5 人发生前列腺癌，RR 的 95%可信区间是 0.95～3.52，假设 a=0.05，推论正确的是（　　）

A. 高脂肪摄入与前列腺癌发病率升高之间的关联有统计学意义

B. 可以在 95%可信度上认为高脂肪摄入增加患前列腺癌的危险

C. 高脂肪摄入与前列腺癌发病率降低之间的关联有统计学意义

D. 尚不能认为前列腺癌发病率与脂肪摄入水平之间关联有统计学意义

83. 欲说明人群中由于高盐饮食所致高血压病危险的比例，应选用的指标是（　　）

A. PAR　　B. PAR%　　C. AR　　D. AR%

84. 如果某因素导致 A 病的归因危险度大于导致 B 病的归因危险度，假定联系是因果关系，则可以认为（　　）

A. 暴露者除去暴露因素后，预防 A 病的效果差于 B 病

B. 暴露者除去暴露因素后，预防 A 病的效果好于 B 病

C. 患 A 病者暴露于该因素的概率大于患 B 病者

D. 该因素与 A 病的病因学联系比与 B 病的病因学联系强

85. 在病例对照研究中（　　）

A. 研究对象可能失访　　B. 可进行罕见因素研究

C. 可进行罕见疾病的研究　　D. 可能出现霍桑效应

86. 病例对照研究中，选择新病例的优点是（　　）

A. 可以降低回忆偏倚　　B. 保密问题较少

C. 费用较低　　D. 便于发现病例

87. 在匹配病例对照研究中，有时因为病例较难获得，为了增加研究的效率常用 1∶r 匹配，r 的取值一般不超过（　　）

A. 2　　B. 3　　C. 4　　D. 5

88. 以医院为基础的病例对照研究，最容易出现的偏倚是（　　）

A. 信息偏倚　　B. 选择偏倚　　C. 混杂偏倚　　D. 诊断偏倚

89. 在一项病例对照研究中，计算出某研究因素 OR 的 95%可信区间为 0.2～1.8，那么该研究因素可能为（　　）

A. 危险因素　　B. 保护因素　　C. 相关因素　　D. 无关因素

90. 一项病例对照研究的 200 名病例中有暴露史者为 160 名，而 210 名对照中有 70 名具有暴露史，那么暴露者的发病率为（　　）

A. 80%　　B. 33.3%　　C. 48.8%　　D. 无法计算

91. 病例对照研究得到某因素与某病的 OR（95%CI）为 0.36（0.09～0.88），可以理解为（　　）

A. 该因素与疾病无关联

B. 该因素可能是该病的保护因素

C. 该因素可能是该病的致病因素

D. 该因素可能是该病的致病因素，但作用不大

92. 有关服用某药与肾结石关系的一项病例对照研究显示 $P>0.05$，OR=1.19，95%CI：0.89～2.03，正确的解释是（　　）

A. 病例组服药率显著高于对照组

B. 服药组发生肾结石的危险明显大于对照组

C. 肾结石与服用药物无关

D. 对照组发生肾结石的可能性大于服药组

93. 一项雌激素与冠心病关系的配对病例对照研究共包括 100 对研究对象，病例与对照均有雌激素暴露史 37 对，均无暴露史 9 对，病例有暴露史而对照无暴露史 45 对，则 OR 为（　　）

A. 1.2　　B. 3　　C. 5　　D. 4.1

94. 已知性别与吸烟有关，不同性别发生肺癌的频率不同。在探讨吸烟与肺癌关系的病例对照研究中，对照组中女性占 80%，而病例组女性占 20%，这可能会造成（　　）

A. 选择偏倚　　B. 信息偏倚　　C. 混杂偏倚　　D. 观察偏倚

95. 随机对照试验不具备的特征是（　　）

A. 人为地给予实验组以干预措施　　B. 实验中运用盲法

C. 运用 OR 进行分析　　D. 运用 RR 进行分析

96. 流行病学实验中盲法的应用是为了（　　）

A. 减少选择偏倚　　B. 减少信息偏倚

C. 减少混杂偏倚　　D. 增加参与研究对象的依从性

97. 随机选择 5 岁组儿童 100 名进行免疫接种预防试验，观察了 8 年，结果表明有 70%的免疫接种者未患所研究的疾病，对此研究，下列观点正确的是（　　）

A. 该疫苗有效，因为有 70%的儿童未患此病

B. 不能下结论，因为未进行统计学检验

C. 该疫苗无效，因为有 30%的儿童患了此病

D. 不能下结论，因为未设对照组

98. 为比较 A、B 药物预防泌尿系统感染的疗效，研究者选择了 180 例泌尿系感染患者，随机分成服用 A 药组和 B 药组，盲法观察，结果 A 药效果优于 B 药，该研究为（　　）

A. 社区试验　　B. 队列研究　　C. 临床试验　　D. 个体试验

99. 某学者对饮酒与糖尿病关系进行了一项队列研究，得到饮酒与糖尿病无关联，下列说法中最可能正确的为（　　）

A. RR=1 且 AR=1　　B. RR=0 且 AR=1

C. RR=1 且 AR=0　　D. RR=0 且 AR=0

100. 假定夫妻不和睦的男外科医生有较高的手术事故发生率，若用病例对照研究来检验此假设，合适的对照为（　　）

A. 夫妻和睦的男外科医生　　B. 夫妻和睦的不是外科医生的男性

C. 未出事故的男外科医生　　D. 不是外科医生的男性

101. 某医科大学附属医院进行一项新药物治疗高血压的临床试验，分析时最好选用的指标是（　　）

A. 有效率和不良反应发生率　　B. 相对危险度和特异危险度

C. 发病率和死亡率　　D. 保护率和效果指数

102. 关于必要病因的论述，正确的是（　　）

A. 肥胖是高血压的必要病因

B. 人类免疫缺陷病毒（HIV）感染是获得性免疫缺陷病（AIDS）的必要病因

C. 必要病因的致病性强

D. 必要病因的致病概率＞95%

103. 病因轮状模型的外环是指（　　）

A. 环境　　B. 遗传因子　　C. 宿主　　D. 社会环境

104. 建立病因假设的时候，所用的逻辑思维方法通常不包括（　　）

A. 求同法　　B. 求异法　　C. 演绎法　　D. 共变法

105. 在因果推断过程中，判定某因素与某病的因果关联时，必须满足的是（　　）

A. 关联的时序性　　B. 关联的可重复性

C. 关联的强度　　D. 剂量-反应关系

106. 某因素与疾病两个事件都与另外一种因素有联系，由此导致两个事件间出现统计学上的关联是（　　）

A. 虚假关联　　B. 间接关联

C. 因果关联　　D. 机遇关联

107. 夏季因气温高，雨量多，蚊媒密度升高而引起的蚊媒传染病的流行属于（　　）

A. 环境因素发生变化，导致病因比重增加

B. 环境因素发生变化，导致宿主比重增加

C. 宿主因素发生变化，宿主比重增加

D. 环境因素不变，病因比重增加

108. 在一次食物中毒的暴发调查中，发现虽然中毒者年龄、性别、宿舍、就餐桌次等均不同，但所有患者均食用过凉拌牛肉，所以该事物被怀疑是导致食物中毒的危险因素，这种建立假说的方法属于（　　）

A. 共变法　　B. 求同法　　C. 求异法　　D. 剩余法

109. 关于筛检说法，不正确的是（　　）

A. 可提高筛检出患者的生存率

B. 可在表面健康的人群中发现可能的疾病患者

C. 可发现高危人群

D. 可使患者和非患者明确分开

110. 当筛检或诊断试验的疾病误诊后果较严重时，要求试验具有较高的（　　）

A. 灵敏度　　B. 特异度　　C. 约登指数　　D. 阳性似然比

111. 可用来评价诊断试验方法准确性的指标是（　　）

A. 灵敏度、特异度和阳性似然比

B. 相关系数、正确指数和似然比

C. 相关系数、变异系数和 kappa 值

D. 预测值、约登指数和符合率

112. 有关串联试验的陈述中，说法正确的是（　　）

A. 串联试验可以提高灵敏度　　B. 串联试验可以提高特异度

C. 串联试验可以提高正确指数　　D. 串联试验可以提高阴性预测值

113. 在某社区开展糖尿病筛检，有 25%的糖尿病患者空腹血糖试验阴性者通过糖耐量试验确诊为糖尿病，试问该值所反映的是空腹血糖试验的（　　）

A. 灵敏度　　B. 特异度　　C. 假阴性率　　D. 假阳性率

114. 比较筛检对甲状腺癌和肺癌生存期的影响，可能会导致（　　）

A. 领先时间偏移　　B. 病程长短偏移

C. 诊断怀疑偏移　　D. 错误分类偏倚

115. 肠息肉是大肠癌的危险因素，通过结肠镜筛查可以发现大肠息肉并行切除术，这样首先使（　　）

A. 发病率降低　　B. 病死率降低　　C. 生存率降低　　D. 早诊率降低

116. 1990—2010 年，某地区采用空腹血糖试验对糖尿病进行筛检，糖尿病的患病率增加了 1 倍，受到患病率的影响而发生相应改变的空腹血糖筛检试验的特征是（　　）

A. 阴性预测值增加　　B. 阳性预测值增加

C. 灵敏度增加　　D. 特异度增加

117. 一项灵敏度和特异度分别为 98%和 99%的妊娠试验，用于检查 10 000 名育龄期妇女，假设有 0.1%的受检者真正受孕，该试验的阳性预测值是（　　）

A. 49.7%　　B. 89.0%　　C. 47.9%　　D. 8.9%

118. 青光眼患者的眼压在 2.9～5.6kPa，无青光眼者的眼压在 1.9～3.5kPa 范围内，若筛检标准定为 2.9kPa，该试验灵敏度与特异度的关系为（　　）

A. 灵敏度高，特异度低　　B. 灵敏度低，特异度高

C. 灵敏度和特异度均高　　D. 灵敏度和特异度均低

119. 下列说法中，不正确的是（　　）

A. ROC 常被用来直观地确定诊断试验的最佳分界值

B. ROC 是以灵敏度为纵坐标，特异度为横坐标

C. 用 ROC 确定的最佳分界值处，其灵敏度和特异度均较好

D. ROC 下面积最大的试验其真实值最佳

120. 假定某一筛检计划检查了 1000 人，又假定某病的流行率为 4%，而这种筛检试验的灵敏度为 90%，特异度为 80%，根据这些资料判断，被筛选出来的阳性者中真患者数为（　　）

A. 40 人　B. 36 人　C. 192 人　D. 4 人

二、多项选择题

1. 流行病主要的研究方法中包括下列（　　）
A. 分析法　B. 实验法　C. 病案分析法　D. 观察法
2. 现况研究的目的有（　　）
A. 描述疾病的分布
B. 描述某些变量与疾病的关系
C. 调查与决定暴露于某疾病危险性因素的人群
D. 做初步分析，提供一些病因研究的线索
3. 关于普查，正确的是（　　）
A. 调查时间应该较短　B. 可较全面描述疾病的分布与特征
C. 可获得发病率资料　D. 不适用于发病率很低的疾病
4. 队列研究的优点包括（　　）
A. 对较多的人进行较长时间的随访
B. 发生偏倚的机会少
C. 较直接地验证病因与疾病的因果关系
D. 有助于了解人群的疾病自然史
5. 下列论述正确的是（　　）
A. 队列研究不易发生偏倚
B. 队列研究可直接计算发病率
C. 病例对照研究的优点是材料易于收集
D. 队列研究常用于探索罕见疾病的各种因素
6. 流行病学的观察性研究包括（　　）
A. 病例对照研究　B. 现况调查　C. 生态学研究　D. 队列研究
7. 评价筛检与诊断试验真实性的指标包括（　　）
A. 灵敏度　B. 正确指数　C. kappa 值　D. 似然比
8. 在研究冠心病危险因素的病例对照研究中，所选择的对照可以包括（　　）
A. 消化性溃疡患者　B. 肺气肿患者
C. 高血压患者　D. 胆结石患者
9. 队列研究与病例对照研究比较，正确的是（　　）
A. 均是分析性研究方法
B. 均属于观察法
C. 均可以计算发病密度
D. 队列研究验证病因假设的能力较病例对照研究强
10. 评价筛选试验真实性的指标有（　　）
A. 阳性预测值，阴性预测值　B. 灵敏度，特异度
C. 漏诊率，误诊率　D. 正确诊断指数
11. 流行病学和临床医学的区别在于（　　）
A. 流行病学以人群为研究对象，而临床医学以个体为研究对象
B. 流行病学研究以描述疾病和健康的分布为起点并分析决定分布的因素，而临床医学从个体的症状、体征和各种理化检查入手以做出临床诊断
C. 流行病学以预防疾病和促进健康为目的，而临床医学以治疗疾病为目的
D. 从学科特征上讲，流行病学具有宏观性，而临床医学属于微观范畴
12. 流行病学的主要特征有（　　）
A. 群体特征　B. 社会医学的特征

C. 对比的特征　　D. 预防为主的特征

13. 队列研究中队列人群的选择一般有哪几种（　　）

A. 内对照　　B. 多重对照

C. 特设对照　　D. 总人口对照

14. 研究疾病分布的意义在于（　　）

A. 提供病因线索　　B. 帮助认识疾病特征

C. 提出治疗方案　　D. 有助于制订防治策略

15. 疾病年龄分布横断面分析方法可以说明（　　）

A. 描述不同年龄组的发病率、患病率　　B. 同一时期不同年龄组死亡率的变化

C. 同一年龄组不同时期死亡率的变化　　D. 不同年代各年龄组死亡率的变化

16. 普查的主要缺点有（　　）

A. 如果仪器等设备及人力等不足会影响检查速度与精确性

B. 普查的费用往往较大

C. 不适用于患病率低、无简便易行诊断手段的疾病

D. 普查由于工作量大而不易细致，诊断可能不够准确

17. 病例对照研究在研究病因时主要缺点有（　　）

A. 回忆偏倚大　　B. 难以得到符合要求的对照

C. 统计处理复杂　　D. 时间顺序有时不清

18. 整群抽样的特点有（　　）

A. 易于组织、实施方便，可以节省人力、物力

B. 如群间差异越小，抽取的群越多，则精密度越好

C. 抽样误差较大，故样本量比其他方法要增加 1/2

D. 如群间差异越小，抽取的群越少，则精密度越好

19. 现况研究中，常见的随机抽样方法有（　　）

A. 系统抽样　　B. 单纯随机抽样　　C. 分层抽样　　D. 整群抽样

20. 队列研究中有关暴露的叙述，正确的是（　　）

A. 指研究对象接触过某种待研究的物质　　B. 指皮肤对外的暴露

C. 指具有某种待研究的特征或行为　　D. 可以是有害的，也可以是有益的

（董兆举　胡志勇）

第二节　临床预防服务

一、临床预防服务和健康行为干预

一、单项选择题

1. 以下不属于临床预防服务特征的是（　　）

A. 主要在临床场所执行　　B. 是一种群体预防

C. 主要针对慢性病　　D. 对象是健康人和无症状的患者

2. 临床预防服务研究对象中的“无症状患者”是指（　　）

A. 健康人

B. 患者

C. 症状很轻的患者

D. 将来可能出现严重疾病，但目前并没有症状的求医者

3. 下列不属于临床预防服务内容的是（　　）

A. 健康咨询　B. 健康筛检　C. 化学预防　D. 临床经济学

4. 临床预防服务和健康管理的对象是（　　）

A. 患者　B. 健康者

C. 健康者和“无症状患者”　D. 健康者和亚健康者

5. 化学预防是指对无症状的人使用药物、营养素、生物制剂或其他类天然物质作为（　　）措施，提高群体抵抗疾病的能力以预防某些疾病。

A. 第一级预防　B. 第二级预防　C. 第三级预防　D. 综合预防

6. 临床服务内容中成本效果最好的是（　　）

A. 健康咨询与教育　B. 健康筛检　C. 免疫接种　D. 化学预防

7. 健康咨询是通过收集求医者的健康危险因素，与求医者共同制订改变不良（　　）的计划。

A. 健康行为　B. 临床预防　C. 心理行为　D. 药物治疗

8. 关于化学预防，错误的是（　　）

A. 已出现症状的患者服用物质来治疗疾病不在化学预防之列

B. 有既往史的人使用预防化学物质也是化学预防

C. 孕期妇女补充叶酸降低神经管缺陷婴儿出生的危险

D. 补充氟化物降低龋齿患病率

9. 大肠癌最准确的筛检方法（　　）

A. 指检　B. 隐血试验　C. 肠镜　D. 体检

10. 宫颈癌的筛查对象为（　　）

A. 30 岁以上妇女　B. 35 岁以上妇女

C. 40 岁以上妇女　D. 45 岁以上妇女

11. 健康促进的核心是（　　）

A. 教育　B. 组织改变　C. 增权　D. 认知改变

12. 以下属于个体水平行为改变理论的是（　　）

A. 健康信念模式　B .创新扩散理论

C. 社会认知理论　D. 医患关系理论

13. 以下属于行为的促成因素有（　　）

A. 知识　B. 价值观　C. 政策　D. 奖励

14. 在健康促进中，获取社会各界对健康措施的认同和激发社会关注和群众参与属于（　　）

A. 政治倡导　B. 大众倡导　C. 增权　D. 协调

15. 痛风患者通过减少食用高嘌呤食物来减少疼痛，从而促进合理膳食，这种现象属于（　　）

A. 正向强化　B. 负向强化　C. 自我效能　D. 惩罚

16. 认为自己戒烟后会减少现有的咳嗽，同时节约花费。根据社会认知理论，这一现象属于（　　）

A. 结果预期　B. 期望值　C. 自我效能　D. 行为能力

17. 下列危险因素不可预防的是（　　）

A. 高血压　B. 糖尿病　C. 吸烟　D. 高血压家族史

18. 对目标人群进行有组织、有目的、有系统的一系列教育活动，以改变不良行为，这种方法属于（　　）

A. 卫生宣传　B. 健康教育　C. 临床预防服务　D. 健康促进

19.“5A 模式”是由医务人员在临床场所为病人提供健康咨询的 5 个基本步骤，依次包括（　　）

A. 劝告；评估；达成共识；协助；安排随访

B. 劝告；询问；达成共识；协助；安排随访

C. 劝告；询问；协助；达成共识；安排随访

D. 评估；劝告；达成共识；协助；安排随访

20. 在建立行为改变的目标时，下列不符合 SMART 原则的是（　　）

A. 目标具体　B. 可以测量　C. 以行动为导向　D. 理想化

21. 以下属于个体水平行为改变理论的是（　　）

A. 健康信念模式　B. 创新扩散理论

C. 社会认知理论　D. 医患关系理论

22. 以下属于人际水平的健康行为改变理论的是（　　）

A. 健康信念模式　B. 创新扩散理论

C. 社会认知理论　D.“知-信-行”理论

23. 张某，连续吸烟 20 年，家人劝其戒烟。他说：“我情愿不吃饭也不愿意戒烟。”请问若用行为改变阶段模式来评价其所处的行为变化阶段是（　　）

A. 无打算阶段　B. 打算阶段　C. 准备阶段　D. 行动阶段

24. 某吸烟者，从上个月开始戒烟。按行为改变的阶段模式，他目前处于（　　）

A. 维持阶段　B. 打算阶段　C. 准备阶段　D. 行动阶段

25. 张阿姨看见李先生坚持锻炼 1 个月后血压明显降低，她也开始进行锻炼，她的这种行为属于（　　）

A. 观察学习　B. 自我控制　C. 自我监测　D. 角色示范

26. 张女士希望每天花 1 小时进行学习，于是她开始改变学习行为，1 周以来，她发现自己每天只学习了半小时，距离每天 1 小时的学习还有差距。她这样的做法属于（　　）

A. 自我强化　B. 自我鼓励　C. 自我批评　D. 自我监测

27. 李某打算每天晚上看书 1 小时，并在做到后给自己买一盒冰激凌。他的这种做法属于（　　）

A. 自我强化　B. 自我鼓励　C. 自我批评　D. 自我监测

28. 某超重者参加了社区健康教育干预，在坚持锻炼 1 个月后减重 1kg。于是他坚信自己通过锻炼能够在半年内减轻体重 5kg。这体现了他的哪一项指标的提升（　　）

A. 自我控制　B. 自我效能　C. 自我强化　D. 自我监测

29. 甲、乙两人均超重，甲指定的健康目标为每月减去体重 1kg，乙则为自己指定周跑步 3 天，每次 20 分钟的计划。与甲相比，乙的健康目标更加体现了制订行动目标的哪一个要素（　　）

A. 以行动为导向　B. 以问题为导向

C. 以目标为导向　D. 时间节点

30. 某男士长期吸烟。妻子对其进行劝导时，他说：“没问题，我爸爸已经吸了 40 年，身体好好的，说明我们家有对于吸烟的抵抗力。”针对他的情况，最重要的劝导是（　　）

A. 对疾病严重性的认识　B. 对疾病易感性的认识

C. 对行为有效性的认识　D. 对实施或放弃行为的障碍的认识

二、多项选择题

1. 临床预防服务的主要内容包括（　　）

A. 健康咨询　B. 健康筛检　C. 化学预防　D. 药物治疗

2. 健康危险因素是指在临床工作中从（　　）等过程中收集有关个体的危险因素信息，为下一步对危险因素的个体化干预提供依据。

A. 采集病史　B. 体格检查　C. 实验室检查　D. 临床治疗

3. 有关健康筛检概念叙述，不准确的是（　　）

A. 临床预防服务中特有的内容

B. 属于第二级预防

C. 是求医者获取健康知识，从而自觉采纳有益于健康行为的方法

D. 通过筛检可有效发现部分早期疾病

4. 预防干预活动一般包括（　　）

A. 健康咨询指导　B. 疾病的早期筛检　C. 现患管理　D. 随访

5. 以下属于健康咨询的原则的是（　　）

A. 建立友好关系　B. 识别需求　C. 调动参与　D. 保守秘密

6. 常用的健康行为改变理论有（　　）

A. 健康信念模式　B. 行为改变的阶段变化理论

C. 社会认知理论　D. 知识态度行为模式

7. 阶段变化理论包括的阶段是（　　）

A. 无打算阶段　B. 打算阶段

C. 准备阶段　D. 行动和行为维持阶段

8. 社会认知理论包括的因素有（　　）

A. 认知因素　B. 环境因素　C. 行为因素　D. 遗传因素

9. 健康教育的基本策略包括（　　）

A. 倡导　B. 增强能力　C. 协调　D. 合作

10. 健康咨询的原则包括（　　）

A. 建立友好关系　B. 识别需求和移情

C. 调动参与和保守秘密　D. 尽量提供信息和资源

（朱海波）

二、烟草控制和身体活动促进

一、单项选择题

1. 戒烟过程中常见的问题不包括（　　）

A. 戒断症状　B. 增重　C. 多次复吸　D. 酗酒

2. 下面属于烟碱替代疗法（NRT）类戒烟药物包括（　　）

A. 口香糖　B. 尼古丁口嚼胶

C. 电子烟　D. 水烟

3. 在社区控烟的宣传中，向居民宣传吸烟的危害和戒烟的好处，提高吸烟者戒烟的信息，这一方法的理论依据是（　　）

A. 行为改变阶段模式　B. 格林模式

C. 计划行为理论　D. 健康信念模式

4. 在下列因素中导致全球每年死亡人数最多的因素为（　　）

A. 吸烟　B. 自杀　C. 结核　D. 艾滋病

5. 不同的医生了解到就诊的患者为吸烟者后，从不同角度进行吸烟者的动机干预，这属于（　　）

A. 相关性　B. 危险性　C. 障碍　D. 反复

6. 世界无烟日是每年的（　　）

A. 6 月 1 日　B. 9 月 1 日　C. 5 月 31 日　D. 6 月 2 日

7. 一名 45 岁男性，已经吸烟 20 年，每天吸一包烟。他由于结核而就诊，并表示考虑在未来一个月内戒烟。作为一名临床医生，你要做的是（　　）

A. 强调戒烟的好处　B. 谈吸烟的危害

C. 提供戒烟药物　D. 和患者一起确定戒烟日

8. 某城市的被动吸烟率达到 65%，要想快速扭转这一现象，根据 MPOWER 策略，首先应该实施（　　）

A. 监测烟草使用　B. 保护人们不接触烟草烟雾

C. 提供戒烟帮助　D. 警示烟草危害

9. 对于即将为人父的吸烟者，提供二手烟暴露影响婴幼儿生长发育的信息来劝导其戒烟，这些

信息最主要属于（　　）

A. 相关性　　B. 危险性　　C. 益处　　D. 障碍

10. 某男性，戒烟过程遇到原来的同事而复吸，医务人员引导他制订戒烟计划时预先设想戒烟时可能遇到的障碍并制订解决方案，这些信息主要属于（　　）

A. 重复　　B. 危害性　　C. 益处　　D. 障碍

11. 鼓励糖尿病患者进行肌肉力量训练的目的是（　　）

A. 减少下肢负荷　　B. 保护足部

C.增强肌肉代谢血糖的功能　　D. 增强关节灵活性

12. 鼓励肥胖者进行（　　）类活动发生关节损伤的风险也相对较小。

A. 游泳　　B. 举重　　C. 短跑　　D. 蛙跳

13. 根据行为改变理论的原则，对求医者的身体活动咨询也应遵循（　　）模式开展。

A. 5A　　B. 5R　　C. 5C　　D. FITT

14. 老邱，60 岁，患高血压多年，目前采用 β 受体阻滞剂控制血压效果较好。请问在判断老邱身体活动强度时，最好采用的指标是（　　）

A. 最大心率百分比　　B. 最大氧耗量百分比

C.自我感知运动强度　　D. 代谢当量

15. 小冉听说打羽毛球很消耗能量，于是每次打球都是筋疲力尽后才结束，结束 40 分钟左右心率慢慢恢复正常。请问小冉的运动反应属于（　　）

A. 运动量不足　　B. 运动量适宜　　C. 运动量过大　　D. 运动伤害

16. 某学生寝室，共住两名女生，甲女活泼好动，每周有 3～4 天与同学一起打乒乓球 1 小时。乙女整日课后待在寝室看书，又喜欢吃零食，体重达 100kg。乙女比甲女更容易患的慢性病是（　　）

A. 耳聋　　B. 白内障　　C. 风湿性关节炎　　D. 冠心病

17. 王大妈，67 岁，诊断为原发性高血压病两年余，由于规范用药，王大妈目前血压控制在收缩压 130mmHg，舒张压 85mmHg 左右。因为害怕血压波动太大，王大妈一直不敢进行任何运动锻炼，但最近在接受了运动有益健康的健康宣传后，王大妈希望自己也能动起来，于是前来就诊咨询。以下运动方式不适合王大妈的是（　　）

A. 哑铃操　　B. 举重　　C. 快步走　　D. 瑜伽

18. 以下有关靶心率的监测方法，正确的是（　　）

A. 终止运动后立即测 10 秒脉搏数，乘以 6 即得 1 分钟脉率

B. 终止运动后立即测 30 秒脉搏数，乘以 2 即得 1 分钟脉率

C. 终止运动后休息 2 分钟测 10 秒脉搏数，乘以 6 即得 1 分钟脉率

D. 终止运动后休息 2 分钟测 30 秒脉搏数，乘以 2 即得 1 分钟脉率

19. 决定健康效益的关键是（　　）

A. 身体活动持续时间　　B. 身体活动频度

C. 身体活动强度　　D. 身体活动总量

20. 以下同属于中等强度身体活动的项目是（　　）

A. 瑜伽和打篮球　　B. 钓鱼和擦窗户

C. 游泳和跳绳　　D. 打乒乓球和打羽毛球

二、多项选择题

1. 关于烟草流行四个阶段概念模型，下列说法正确的是（　　）

A. 一般烟草流行高峰后 30 年，吸烟归因死亡才会达到高峰

B. 男性的吸烟率的上升一般早于女性

C. 女性的吸烟死亡率的上升一般早于男性

D. 吸烟流行率的上升早于吸烟死亡率的上升

2. 下列属于控烟 MPOWER 战略的是（　　）

A. 监测烟草使用　　B. 保护人们不接触烟草烟雾

C. 提供戒烟帮助　　D. 提高烟草税

3. 下列说法不正确的是（　　）

A. 尼古丁是重要的致癌物质　　B. 低焦油烟可以减少吸烟的危害

C. 吸烟年限越长，吸烟量越多，危害越大　　D. 焦油是主要的成瘾物质

4. 对于一个国家而言，可以采用的烟草预防控制措施可包括（　　）

A. 融入初级卫生保健服务的戒烟咨询　　B. 戒烟热线

C. 提供低廉的戒烟药物治疗　　D. 禁止烟草促销

5. 王某，男性，30 岁，因咳嗽就医。患者吸烟 10 年，饮酒，经常通宵玩牌。你作为一名接诊该患者的医生，需要（　　）

A. 针对咳嗽原因进行治疗　　B. 告知患者吸烟、饮酒的危害，并劝其放弃

C. 评估该患者患高血压、冠心病的风险　　D. 告知患者定期测量血压

6. 身体活动健康效益包括（　　）

A. 平常缺乏身体活动的人，如果开始进行中等强度的身体活动，其健康状况和生活质量都可以得到改善

B. 低强度的身体活动也有促进健康的作用

C. 适度增加身体活动总量可以获得更大的健康效益

D. 不同的身体活动类型、时间、强度和总量促进健康的作用不同

7. 身体活动强度衡量的客观指标有（　　）

A. 自我感知运动强度　　B. 最大心率百分比

C. 最大氧耗量百分比　　D. 代谢当量

8. 运动处方的制订步骤包括（　　）

A. 身体活动咨询　　B. 运动前的风险评估

C. 确定身体活动目标量　　D. 确定活动进度

9. 以下有关身体活动需遵守的原则，正确的是（　　）

A. 动则有益　　B. 贵在坚持　　C. 强度越高越好　　D. 适度

10. 身体活动总量的决定因素包括（　　）

A. 身体活动强度　　B. 身体活动频度

C. 身体活动效益　　D. 身体活动持续时间

（石塔拉）

三、合理营养指导

一、单项选择题

1. 除成人 8 种必需氨基酸之外，目前确认属于婴儿必需氨基酸的是（　　）

A. 组氨酸　　B. 蛋氨酸　　C. 苏氨酸　　D. 赖氨酸

2. 反映食物蛋白质消化吸收后，被机体利用程度的指标是蛋白质的（　　）

A. 真消化率　　B. 生物价　　C. 含量　　D. 表观消化率

3. 下列属于优质蛋白质的是（　　）

A. 大米蛋白　　B. 大豆蛋白　　C. 小米蛋白　　D. 蔬菜蛋白

4. 目前公认的人体必需脂肪酸是（　　）

A. 亚麻酸和花生四烯酸　　B. α-亚麻酸

C. 亚油酸和 α-亚麻酸　　D. 二十二碳六烯酸

5. 含膳食纤维最多的食物是（ ）

A. 牛肉　B. 鸡蛋　C. 油菜　D. 鲅鱼

6. 健康成年人膳食脂肪参考摄入量规定其合理供能比为（ ）

A. 10%～15%　B. 20%～30%　C. 50%～65%　D. 31%～49%

7. 合理膳食中饱和脂肪酸、单不饱和脂肪酸和多不饱和脂肪酸的最适比例为（ ）

A. 1∶1∶2　B. 1∶1∶1　C. 2∶1∶1　D. 1∶2∶2

8. 以下属于含铁较少的食品的是（ ）

A. 牛奶　B. 黑木耳　C. 猪血　D. 鱼类

9. 不属于中国居民膳食参考摄入量（DRIs）指标的是（ ）

A. 宏量营养素可接受范围（AMDR）　B. 推荐摄入量（RNI）

C. 生理需要量（PR）　D. 适宜摄入量（AI）

10. 关于中国居民膳食营养素参考摄入量，下列说法错误的是（ ）

A. EAR 是制订 RNI 的基础

B. RNI 的主要用途是作为个体每日摄入该营养素的目标值

C. AI 是通过观察或实验获得的健康人群某种营养素的摄入量

D. UL 是平均每日可以摄入该营养素的最高量，这个量对一般人群中的几乎所有个体都可导致健康的危害

11. 钙良好的食物来源是（ ）

A. 蔬菜　B. 鸡蛋　C. 奶及奶制品　D. 水果

12. 某男孩，3 岁，查体发现方颅，串珠胸，夜间经常哭闹。最可能的原因是（ ）

A. 锌缺乏　B. 钙缺乏　C. 铁缺乏　D. 碘缺乏

13. 以下属于脂溶性维生素的是（ ）

A. 维生素 B_1、维生素 B_2　B. 维生素 A、维生素 D

C. 维生素 C、烟酸　D. 维生素 B_6、维生素 B_{12}

14. 具有激素性质的维生素是（ ）

A. 维生素 A　B. 维生素 D　C. 维生素 C　D. 维生素 B_1

15. 与婴儿神经管畸形发生有关的维生素是（ ）

A. 叶酸　B. 维生素 C　C. 维生素 B_1　D. 维生素 B_2

16. 维生素 C 缺乏的临床表现是（ ）

A. 舌炎　B. 口角炎　C. 皮肤瘀斑　D. 神经炎

17. 母乳喂养的婴幼儿辅食添加，最好应从第几个月开始添加（ ）

A. 1 个月　B. 4～6 个月　C. 7～8 个月　D. 12 个月

18. 不能通过乳腺进入乳汁的营养素有（ ）

A. 钙和铁　B. 长链多不饱和脂肪酸和铁

C. 维生素 D 和铁　D. 必需氨基酸和铁

19. 某儿童临床表现为水肿，尤其是以下肢水肿显著，虚弱、表情淡漠、生长滞缓，头发变色、变脆和易脱落，易感染等症状。临床诊断患者患有哪种营养缺乏病（ ）

A. 佝偻病　B. 蛋白质-热能营养不良

C. 坏血病　D. 脚气病

20. 某患者前来就医，主诉腿痛，腿肿，且活动不便，经检查其末梢感觉减弱，膝腱反射消失，腓肠肌压痛，反映此患者缺乏（ ）

A. 维生素 B_1　B. 维生素 B_2　C. 四氢叶酸　D. 维生素 C

21. 膳食中的必需脂肪酸包括（ ）

A. n-3 系列的亚油酸和 n-6 系列的 α-亚麻酸

B. n-6 系列的亚油酸和 n-3 系列的 α-亚麻酸

C. n-6 系列的 EPA 和 n-3 系列的 DHA

D. n-3 系列的 EPA 和 n-6 系列的 DHA

22. 被广泛用于评价婴幼儿食品蛋白质质量的指标是（　　）

A. 蛋白质表观消化率　　B. BV

C. NPU　　D. PER

23. 测得某食物样品的含氮量为 4g，则该样品中蛋白质含量为（　　）

A. 24g　　B. 64g　　C. 25g　　D. 18g

24. 某食物蛋白质构成绝大部分为谷蛋白，该食物蛋白质的限制性氨基酸是（　　）

A. 蛋氨酸　　B. 赖氨酸

C. 苏氨酸　　D. 色氨酸

25. 均为必需氨基酸的组合是（　　）

A. 苏氨酸、色氨酸、赖氨酸、谷氨酸

B. 蛋氨酸、苯丙氨酸、色氨酸、酪氨酸

C. 谷氨酸、色氨酸、酪氨酸、赖氨酸

D. 赖氨酸、亮氨酸、苏氨酸、苯丙氨酸

26. 膳食蛋白质中具有节约蛋氨酸作用的氨基酸是（　　）

A. 半胱氨酸　　B. 酪氨酸

C. 精氨酸　　D. 丝氨酸

27. 蛋白质生物学价值是表示（　　）

A. 蛋白质被机体消化酶分解的程度

B. 蛋白质吸收后在体内被利用的程度

C. 蛋白质在体内的消化率

D. 摄入蛋白质增加体重的克数

28. 粮谷类食物蛋白质的第一限制氨基酸是（　　）

A. 苯丙氨酸　　B. 蛋氨酸　　C. 苏氨酸　　D. 赖氨酸

29. 氨基酸模式是指（　　）

A. 蛋白质中各种氨基酸的构成比例

B. 蛋白质中色氨酸的含量

C. 蛋白质中各种必需氨基酸的构成比例

D. 蛋白质中色氨酸的比例

30. 脂类的营养学意义不包括（　　）

A. 促进脂溶性维生素吸收　　B. 提供能量

C. 构成机体组织和重要物质　　D. 提供必需氨基酸

31. 必需脂肪酸的良好来源是（　　）

A. 可可油　　B. 大豆油　　C. 椰子油　　D. 棕榈油

32. 当碳水化合物摄入不足时，脂肪供能因氧化不全而产生过量的（　　）

A. 乙酸　　B. 丙酮酸　　C. 酮体　　D. 草酰乙酸

33. 膳食纤维的主要生理意义是（　　）

A. 构成机体组织的成分　　B. 构成酶、激素等重要的生理活性物质

C. 促进矿物质吸收　　D. 防止便秘，降低血清胆固醇

34. 对基础代谢能量消耗的描述正确的是（　　）

A. 寒冷、大量摄食及体力过度消耗可降低基础代谢水平

B. 年龄和体表面积相同，女性基础代谢能量消耗比男性高 5%～10%

C. 同等体重的情况下，瘦高且肌肉发达者的基础代谢能量消耗高于矮胖者

D. 婴幼儿和青少年基础代谢能量消耗相对较低

35. 儿童长期缺乏维生素 D 易引起（　　）

A. 夜盲症　　B. 坏血病　　C. 佝偻病　　D. 脚气病

36. 中国营养学会推荐成人膳食钙的 RNI 是（　　）mg/d。

A. 500　B. 800　C. 1000　D. 1200

37. 促进非血红素铁吸收的膳食因素是（　　）

A. 植酸　B. 草酸　C. 单宁酸　D. 维生素 C

38. 对锌的生理功能描述不正确的是（　　）

A. 金属酶的组成成分或酶的激活剂　B. 促进生长发育

C. 促进机体免疫功能　D. 维持正常造血功能

39. 铁过量损伤的主要靶器官是（　　）

A. 血液　B. 脾　C. 肝　D. 肾

40. 某儿童食欲减退、有异食癖、生长发育较其他同龄儿童迟缓，可能缺乏（　　）

A. 锌　B. 钙　C. 铁　D. 碘

41. 人体内缺碘容易导致（　　）

A. 软骨病　B. 坏血病　C. 克汀病　D. 夜盲症

42. 长期过量摄入易在肝脏内蓄积，产生毒性作用的维生素是（　　）

A. 维生素 B_2　B. 维生素 A　C. 维生素 C　D. 维生素 B_1

43. 维生素 B_1 的主要生理功能是（　　）

A. 促进生长发育　B. 影响内分泌功能

C. 影响 DNA 合成维生素 D　D. 调节机体物质代谢和能量代谢

44. 干性脚气病的主要临床表现是（　　）

A. 对称性皮炎　B. 多发性神经炎

C. 口角炎　D. 心肌炎

45. 体内转运亚甲基的载体是（　　）

A. 维生素 C　B. 烟酸　C. 维生素 A　D. 叶酸

46. 妊娠期特别是孕早期，维生素 A 摄入过多，对胎儿最重要的危害是发生（　　）

A. 脑发育受损　B. 宫内发育迟缓　C. 先天畸形　D. 早产

47. 属于维生素特点的是（　　）

A. 提供能量　B. 化学结构相似

C. 不能在体内储存　D. 存在于天然食物中

48. 临床上用于辅助治疗消化不良的维生素是（　　）

A. 维生素 B_2　B. 维生素 B_1

C. 维生素 A　D. 维生素 E

49. 与溶血性贫血有关的维生素是（　　）

A. 维生素 E　B. 维生素 A　C. 烟酸　D. 钙化醇

50. 当某种营养素的个体需要量研究资料不足而不能计算出 EAR，从而无法推算 RNI 时，可通过设定代替 RNI 的是（　　）

A. RDA　B. AI　C. SPL　D. PI

51. 某男，喜食肉类，蔬菜水果少吃。近半年来出现全身乏力、食欲减退，伴有牙龈肿胀。后全身点状出血，牙龈出血，关节及腱鞘处有明显血肿及瘀斑。经多种维生素正规治疗无效，其诊断是（　　）

A. 风湿性关节炎　B. 脚气病

C. 坏血病　D. 骨关节炎

52. 某地建筑工人，近 2 个月主要的食物为精米捞饭、冬瓜汤、黄瓜汤，近日数十人先后出现下肢沉重无力，四肢末端蚁行感，腓肠肌酸痛、痉挛，伴有消化不良、便秘，严重者下肢轻度水肿。这些患者可能缺乏（　　）

A. 维生素 B_1　B. 维生素 B_2

C. 维生素 E　D. 烟酸

53. 患儿，男，31 天，足月顺产，自出生后 15 天开始服用鱼肝油，16 天后出现精神萎靡，表情淡漠，面色苍白，出冷汗，囟门隆起，双眼内斜，伴阵发性抽搐，吐白沫。对患儿的初步诊断是（　　）

A. 多不饱和脂肪酸摄入过多　　B. 维生素 E 中毒

C. 维生素 A 中毒　　D. 脚气病

54. 某女，36 岁，服用抗结核药 9 个月，其间服用保肝药。近日出现口炎、唇干裂、舌炎、高同型半胱氨酸血症，并有轻度抑郁症状。该患者缺乏的维生素是（　　）

A. 维生素 B_6　　B. 维生素 B_1

C. 维生素 B_3　　D. 维生素 B_2

55. 主要来源于动物性食品的生物活性成分包括（　　）

A. 槲皮素　　B. 褪黑素　　C. 葛根素　　D. 大蒜素

56. 某绝经期女性，60 岁，为预防骨质疏松，保健医生建议她增加豆制品的摄入，其原因是豆类食物含有的大豆异黄酮具有（　　）

A. 抗氧化作用　　B. 降血脂作用

C. 类雌激素作用　　D. 改善血管内皮细胞功能

57. 杂豆类制作成粉条、凉皮等过程中大部分被去除的营养素是（　　）

A. 蛋白质　　B. 膳食纤维

C. 矿物质　　D. 维生素

58. 大豆经发芽后制成豆芽的过程中含量明显增加的营养素是（　　）

A. 膳食纤维　　B. 维生素 D

C. 维生素 C　　D. 碳水化合物

59. 蔬菜水果中含量丰富的成分是（　　）

A. 蛋白质、脂肪、碳水化合物和有机酸

B. 蛋白质、矿物质、膳食纤维和有机酸

C. 蛋白质、维生素、矿物质和有机酸

D. 维生素、矿物质、膳食纤维和有机酸

60. 牛乳中的蛋白质主要是（　　）

A. 乳清蛋白　　B. 乳铁蛋白

C. 乳球蛋白　　D. 酪蛋白

61. 某大学生一天摄入的食物含 70g 蛋白质、400g 碳水化合物和 50g 脂肪，那么他一天摄取的能量约是（　　）千卡。

A. 1900　　B. 2000　　C. 2100　　D. 2300

62. 妊娠期妇女血容量发生变化，容易出现（　　）

A. 生理性贫血　　B. 缺铁性贫血

C.巨幼细胞贫血　　D. 溶血性贫血

63. 中国营养学会推荐妊娠期妇女膳食钙 RNI 在非孕妇女基础上，妊娠中期增加（　　）mg/d。

A. 100　　B. 200　　C. 300　　D. 400

64. 正常新生儿体内储备铁，一般可满足婴儿对铁需要的时间为（　　）

A. 1 个月　　B. 4～6 个月　　C. 2 个月　　D. 12 个月

65. 属于东方型膳食结构特点的是（　　）

A. 食用海产品较多　　B. 谷类食物消费类较少

C. 食用牛肉较多　　D. 膳食纤维充足

66. 中国营养学会确定的全民营养周的时间为（　　）

A. 每年 5 月的第 1 周　　B. 每年 5 月的第 3 周

C. 每年 5 月的第 2 周　　D. 每年 3 月的第 2 周

67. 属于预包装食品营养标签强制性标示的核心营养素是（　　）

A. 钠　　B. 钙　　C. 铁　　D. 锌

68. 某地区人均每日摄入能量 3300kcal，蛋白质 110g 以上，脂肪 130g，其膳食结构类型属于（　　）

A. 东方型膳食模式　　B. 西方型膳食模式
C. 平衡型膳食模式　　D. 地中海膳食模式

69. 可降低血糖水平的食物或食物成分是（　　）

A. 膳食纤维　　B. 高 GI 食物
C. 支链淀粉　　D. 低聚异麦芽糖

70. 糖尿病营养治疗的首要原则是（　　）

A. 合理控制总能量　　B. 限制脂肪摄入
C. 摄入足够的膳食纤维　　D. 限制饮酒

71. 高血压患者不宜选择的食物是（　　）

A. 全脂奶油　　B. 大豆制品　　C. 藻类食物　　D. 水产品

二、多项选择题

1. 下列属于必需氨基酸的是（　　）

A. 亮氨酸　　B. 异亮氨酸
C. 缬氨酸　　D. 赖氨酸

2. 下列属于蛋白质的生理功能的是（　　）

A. 构成机体成分和修复组织　　B. 合成活性物质调节生理功能
C. 促进胆固醇代谢　　D. 供给热能

3. 评价蛋白质营养价值的指标包括（　　）

A. 食物蛋白质含量　　B. 真消化率
C. 表观消化率　　D. 蛋白质生物价

4. 脂类生理功能包括（　　）

A. 氧化释放能量　　B. 协助脂溶性维生素和胡萝卜素吸收
C. 组成血浆脂蛋白　　D. 储存能量

5. 必需脂肪酸的功能包括（　　）

A. 组成组织细胞成分　　B. 有利于胆固醇酯化
C. 合成生物活性物质　　D. 促进脂类代谢

6. 关于膳食纤维说法，正确的是（　　）

A. 膳食纤维可减少口腔内食物咀嚼的时间
B. 膳食纤维可加速肠道内容物的排泄
C. 膳食纤维可结合胆酸
D. 膳食纤维过量会影响矿物质吸收

7. 影响基础代谢率的因素有（　　）

A. 体格大小　　B. 年龄　　C. 性别　　D. 内分泌激素

8. 以下食物中含钙量比较丰富的是（　　）

A. 黄豆及豆制品　　B. 乳及乳制品
C. 海带　　D. 虾皮

9. 维生素 D 的生理功能有（　　）

A. 促进钙在肾小管的再吸收　　B. 促进小肠结合蛋白合成
C. 防止氨基酸通过肾脏时丢失　　D. 促进甲状旁腺产生降钙素

10. 下列症状中与叶酸在机体内缺乏有关的是（　　）

A. 胎儿神经管畸形　　B. 巨幼细胞贫血
C. 高同型半胱氨酸血症　　D. 牙龈疼痛出血，伤口愈合不良

（宓　伟　陈彩云）

第三节 社区预防服务

一、环境相关疾病及其预防控制

一、单项选择题

1. 环境卫生学主要研究（ ）
A. 生活环境与人群健康的关系
B. 自然环境和生活环境与人群健康的关系
C. 生活居住环境和自然环境与人群健康的关系
D. 自然环境、生活居住环境、工作学习环境与人群健康的关系
2. 具体地讲，环境介质是指（ ）
A. 空气、水、土壤（岩石）
B. 空气、水、土壤（岩石）和生物体
C. 空气、水、土壤（岩石）和食物
D. 空气、水、食物、生物体
3. 环境卫生学的研究对象是（ ）
A. 自然环境、生活环境和社会环境
B. 人群健康
C. 生物地球化学性疾病
D. 人类健康及其周围环境
4. 生态系统是在一定空间范围内，由生物群落及其环境组成，借助下列各种功能流所联结的稳态系统。这些功能流是（ ）
A. 物质流、能量流、物种流和信息流
B. 物质流、能量流和食物流
C. 物质流、能量流、物种流和食物流
D. 物质流、能量流和信息流
5. 生态系统中的消费者（ ）
A. 是异养型微生物
B. 是草食动物
C. 可起着加工和再生产的作用
D. 能用简单的无机物制造有机物
6. 生态系统健康是（ ）
A. 人和生态系统相互关系的综合特性
B. 生态系统对人健康影响的特性
C. 人对生态系统影响的综合特性
D. 生态系统的综合特性
7. 生物性有毒有害物质的毒性（ ）
A. 包括一般毒性和特殊毒性
B. 主要产生神经毒性
C. 主要引起过敏反应
D. 主要是致癌性
8. 高危人群即（ ）
A. 出现某一效应的风险较大的人群
B. 易感人群
C. 抵抗力低的人群
D. 多病的人群

9. 下面是环境污染产生的急性危害，除外（ ）
A. 地方性氟中毒
B. 印度博帕尔发生的异氰基甲酯泄漏事件
C. 沃尔诺贝利核电站核泄漏事故
D. 伦敦烟雾事件
10. 下列不属于紫外线作用的是（ ）
A. 色素沉着作用 B. 杀菌作用
C. 红斑作用 D. 抗佝偻病作用
11. 酸雨的主要前体物质是（ ）
A. CO_2 B. CO C. O_3 D. SO_2
12. 关于大气中的空气离子，下列说法正确的是（ ）
A. 新鲜的清洁空气中轻离子浓
B. 污染的空气中轻离子浓度低
C. 污染的空气中轻离子浓度高
D. 空气阳离子对机体有镇静、催眠和降压作用
13. 下面不属于酸雨有害作用的是（ ）
A. 使皮肤癌的发生率增加 B. 破坏农田和植被的化学组成
C. 增加土壤中重金属的水溶性 D. 影响土壤中生物的生存
14. 大气中的氮氧化物主要指（ ）
A. N_2O 和 NO B. NO_2 和 NO
C. NO 和 N_2O_3 D. N_2O_5 和 NO_2
15. 下列气体中不能引起温室效应的是（ ）
A. N_2O 和 NO B. NO_2 和 NO C. NO 和 N_2O_3 D. N_2O_5 和 NO_2
16. 下列物质都可破坏臭氧层，除了（ ）
A. CCl_4 B. CFCs C. N_2O D. CO_2
17. 下列中，不利于光化学烟雾形成的气象条件是（ ）
A. 气温高 B. 天气晴朗 C. 紫外线强烈 D. 风速小
18. 甲基汞在机体主要作用靶器官是（ ）
A. 脑 B. 肝 C. 脾 D. 肾
19. 以下措施对预防碘缺乏病没有作用的是（ ）
A. 饮水加碘 B. 食盐加碘
C. 多吃海产品 D. 服用促甲状腺激素
20. 水永久硬度指（ ）
A. 溶解性固体和悬浮性固体 B. 钙、镁的重碳酸盐
C. 钙、镁的硫酸盐和氯化物 D. 水中不能除去的钙、镁盐类
21. 土壤中元素的本底值是指（ ）
A. 土壤中各种元素的含量
B. 任何一处土壤中各种元素的含量
C. 该地区未受污染的天然土壤中各种元素的含量
D. 土壤中某种元素的含量
22. 土壤的水溶性主要与下列哪些因素有关（ ）
A. 土壤颗粒粒径 B. 地面的雨雪水量
C. 土壤所含化学元素 D. 土壤中空气
23. 土壤污染引起钩端螺旋体病和炭疽病的危害途径是（ ）
A. 动物—土壤—人 B. 人—土壤—人
C. 土壤—人 D. 动物—人

24. 土壤污染的来源不包括（　　）
A. 地质环境中区域性差异导致土壤中某些元素过高
B. 工业废水和生活废水
C. 固体废弃物
D. 化肥及农药的使用
25. 碘缺乏病患病率特点是（　　）
A. 山区＞丘陵＞平原　　B. 山区＞平原＞丘陵
C. 丘陵＞山区＞平原　　D. 丘陵＞平原＞山区
26. 下列关于氟中毒的论述，错误的是（　　）
A. 发病与性别无关　　B. 氟斑牙多见于乳牙
C. 患氟斑牙不一定伴氟骨症　　D. 氟骨症随年龄增长而增加
27. 地方性氟病的预防主要是（　　）
A. 改水　　B. 饮水加除氟剂
C. 种植吸氟植物　　D. 食物除氟
28. 下列诸因素中不属于大骨节病病因的是（　　）
A. 环境硒水平过低　　B. 真菌毒素污染玉米
C. 饮用水有机物污染严重　　D. 环境放射性物质污染
29. 大骨节病临床症状最明显的季节是（　　）
A. 春季　　B. 夏季　　C. 秋季　　D. 冬季
30. 下面是反映小气候对人体影响的生理指标，除了（　　）
A. 皮肤温度　　B. 有效温度　　C. 体温　　D. 温热感觉
31. 居室进深与地板至窗上缘高度之比为（　　）
A. 室窗系数　　B. 采光系数
C. 通风系数　　D. 室深系数
32. 较长时间接触 90dB（A）以上的强烈噪声，使听力明显下降，听阈提高 15～30dB（A），离开噪声环境数小时至 20 多小时后听力才能恢复（　　）
A. 称为听觉适应　　B. 称为听力适应
C. 称为听觉疲劳　　D. 称为神经性听力损失
33. 办公场所的主要特点是（　　）
A. 工作人员密集、停留时间短、流动性较大
B. 工作人员密集、停留时间长、流动性较大
C. 工作人员相对集中、停留时间长、流动性较小
D. 工作人员相对集中、停留时间短、流动性较大
34. 公共场所是（　　）
A. 公众从事各种社会活动的临时性生活环境
B. 公众从事各种社会活动的固定生活环境
C. 公众进行娱乐、交流、购物等活动的封闭式生活环境
D. 公众进行娱乐、交流、购物等活动的开放式生活环境
35. 公共场所的主要特点有（　　）
A. 人群密集，非健康个体混杂，易混杂各种污染源
B. 人群密集，健康个体混杂，易混杂各种污染源
C. 人群密集，流动性小，健康与非健康个体混杂，易混杂各种污染源
D. 人群密集，流动性大，健康与非健康个体混杂，易混杂各种污染源
36. 《公共场所卫生管理条例》规定，目前能依法进行卫生监督的公共场所共有（　　）
A. 6 类 18 种　　B. 7 类 18 种
C. 7 类 28 种　　D. 8 类 28 种

37. 在卫生条件不完善的宾馆、旅店住宿的顾客容易患的疾病主要是（　　）

A. 寄生虫病　　B. 军团菌病

C. 心脏病、高血压　　D. 肺结核、中耳炎

38. 城乡规划（　　）

A. 是一定时期内城市和村镇建设、发展和管理的依据

B. 包括城市规划和村镇规划

C. 是城市或村镇在一定时期内的发展计划

D. 是城市各项建设的综合部署和具体安排

39. 根据《中华人民共和国环境影响评价法》，下列叙述正确的是（　　）

A. 环境影响评价评价报告内容不包括预防不良环境影响的对策和措施

B. 环境影响评价是一种方法

C. 环境影响评价是一种制度

D. 环境影响评价既是方法又是制度

40. 环境影响评价是对（　　）

A. 所有工程项目的评价

B. 环境质量有较大影响的规划和建设项目的评价

C. 所有规划和建设项目的评价

D. 环境质量有较大影响的规划项目的评价

二、多项选择题

1. 伦敦烟雾事件的主要污染物有（　　）

A. SO_2　　B. NO_x　　C.烟尘　　D. CO

2. 以下属于遗传毒性试验检测的有（　　）

A. Ames 试验　　B.微核试验　　C. PRC 试验　　D. SCE 试验

3. 以下关于联合作用说法，正确的是（　　）

A. 两种有机磷农药同时进入机体时，其抑制胆碱酯酶的作用是协同作用

B. 异丙醇与四氯化碳同时进入机体所产生的联合作用属于增强作用

C. 乙醇与氯乙烯的联合作用属于独立作用

D. 马拉硫磷和苯硫磷的联合作用属于相加作用

4. 我国生活饮用水水质微生物指标有（　　）

A. 总大肠菌群　　B. 耐热大肠菌群

C. 大肠埃希菌　　D. 菌落总数

5. 土壤污染的基本特点有（　　）

A. 长期性　　B. 稳定性　　C. 隐蔽性　　D. 不可逆转性

6. 持久性有机污染物的特性有（　　）

A. 亲水性　　B. 高毒性　　C. 持久性　　D. 迁移性

7. 关于地方性氟中毒，说法正确的是（　　）

A. 氟中毒可以影响牙齿，氟斑牙出现于乳牙和恒牙

B. 男性的病情重于女性

C. 氟骨症发病外地迁入者较当地居民更敏感

D. 钙离子浓度低、硬度小可以促进氟的吸收

8. 痛痛病是发生在日本富山县神通川流域镉污染地区的一种严重的环境污染性疾病，其主要原因是当地居民长期饮用受镉污染的水，并食用此水灌溉的含镉稻米，致使镉在体内蓄积，是慢性镉中毒的典型案例。以下关于慢性镉中毒的临床表现，说法正确的是（　　）

A. 疼痛呈渐进性加重，活动时加剧，休息时也无法得到缓解

B. 存在贫血症状

C. 可出现多发性病理骨折、骨质疏松症、骨质软化症
D. 患者尿糖，尿钙减少、尿中低分子蛋白增多
9. 室内小气候的组成有（　　）
A. 气温　B. 气湿　C. 气压　D. 热辐射

（徐兰兰）

二、职业相关疾病及职业卫生服务

一、单项选择题

1. 下列属于二级预防措施的是（　　）
A. 改进生产工艺　B. 合理利用个人防护用品
C. 在岗期间定期健康体检　D. 工作场所禁烟
2. 慢性苯中毒主要损害（　　）
A. 肝　B. 中枢神经系统　C. 肾　D. 造血系统
3. 局部振动病的典型表现为（　　）
A. 发作性手指变白　B. 感应迟钝
C. 血管痉挛和变形　D. 肌无力、肌萎缩
4. 可吸入性粉尘是指（　　）
A. 直径＞15 μm 的尘粒　B. 直径＜15 μm 的尘粒
C. 直径 10～15 μm 的尘粒　D. 直径＜5 μm 的尘粒
5. 我国法定职业病的听觉系统损伤是（　　）
A. 听觉疲劳　B. 听力损伤　C. 听觉适应　D. 噪声聋
6. 胸膜斑是以下哪种尘肺的病理特点（　　）
A. 硅肺　B. 煤肺　C. 石棉肺　D. 石墨尘肺
7. 下面属于职业有关疾病的是（　　）
A. 尘肺　B. 铅中毒　C. 精神焦虑　D. 中暑
8. 下列哪种气体属于化学窒息性气体（　　）
A. 氯气　B. 氨气　C. 氰化氢　D. 二氧化碳
9. 与有机磷农药中毒机制类似的是（　　）
A. 拟除虫菊酯类　B. 氨基甲酸酯类
C. 有机氯类　D. 有机氟类
10. 预防职业中毒的中心环节是（　　）
A. 通风排毒　B. 降低空气中毒物浓度
C. 个人防护　D. 安全生产管理
11.接触砷及其化合物主要可引起（　　）
A. 胃癌、膀胱癌　B. 皮肤癌、膀胱癌
C. 肝癌、肺癌　D. 皮肤癌、肺癌
12. 以下不属于非电离辐射的是（　　）
A. 激光　B. X 线　C. 紫外线　D. 红外线
13. 不属于工效学相关疾患的是（　　）
A. 抬举重物引起的下背痛　B. 电脑操作者的腕管综合征
C. 纺织工长时间站立引起的下肢静脉曲张　D. 蓄电池厂工人的铅中毒
14. 生产性毒物进入人体的主要途径是（　　）
A. 消化道　B. 皮肤　C. 呼吸道　D. 血液系统
15. 在某地发生了严重的氯气中毒，医务工作人员除了迅速将患者移至空气新鲜处外，治疗的

关键应该是（　　）

A. 清洗被污染的皮肤和眼部　　B. 保持呼吸道通畅
C. 积极防治肺水肿　　D. 阿托品治疗

16. 构成工作环境微小气候的是（　　）

A. 气压、气湿、气流、气温　　B. 气压、气湿、太阳辐射
C. 气温、气流、气湿、热辐射　　D. 气温、气流、气压、热辐射

17. 在夏季施用有机磷农药时，出现恶心、呕吐、腹痛、腹泻、视物模糊等症状，在急诊室进行处理时，首选措施是（　　）

A. 使用阿托品　　B. 吸氧　　C. 使用解磷定　　D. 使用激素

18. 尘肺的预防必须采用综合预防措施，在技术措施中，消除粉尘危害的根本途径是（　　）

A. 改革工艺过程、革新生产设备　　B. 湿式作业
C. 排风、除尘　　D. 个人防护

19. 下面属于职业病的是（　　）

A. 高温作业人员的胃溃疡　　B. 蓄电池厂工人的铅中毒
C. 制衣厂女工的腰背痛　　D. 教师的咽炎

20. 某男性锅炉操作工，在一个通风不良条件下，连续工作 3～4 小时，突然感到头痛、头晕等症状。患者面色潮红，口唇呈樱桃红色，具有呼吸加快等表现。可疑何种毒物中毒（　　）

A. 二氧化硫　　B. 一氧化碳　　C. 氮氧化物　　D. 硫化氢

21. 在工业生产中，接触煤焦油、沥青、蒽、木馏油、页岩油、石蜡能引起（　　）

A. 肺癌　　B. 皮肤癌　　C. 肝癌　　D. 膀胱癌

22. 在对某工厂职业人群进行体检时，发现某种常见病的发病率明显高于一般人群，此种疾病很可能是（　　）

A. 职业病　　B. 传染病　　C. 职业相关疾病　　D. 公害病

23. 我国卫生标准规定，噪声职业接触限值为每周工作 5 天，每天工作 8 小时，稳态噪声限值为（　　）

A. 80 dB　　B. 85 dB　　C. 90 dB　　D. 115 dB

24. 铅及无机化合物进入人体的主要途径是（　　）

A. 皮肤　　B. 消化道　　C. 呼吸道　　D. 以上都不是

25. 一潜水员在水下 30 m 处作业，因出现意外情况快速回到岸上，约半小时后突然感觉下肢肌肉和关节疼痛，检查见皮肤呈大理石样斑纹，其他未见明显异常。根据该潜水员出现的症状，首先应考虑所患疾病为（　　）

A. 关节炎　　B. 减压病　　C. 风湿病　　D. 痛风

26. 对我国工人健康威胁最大的职业病是（　　）

A. 尘肺　　B. 噪声聋　　C. 铅中毒　　D. 接触性皮炎

27. 苯在体内的主要蓄积部位是（　　）

A. 骨骼　　B. 肾　　C. 骨髓　　D. 毛发

28. 粉尘的分散度是指（　　）

A. 粉尘的分布距离
B. 粉尘的分布均匀程度
C. 粉尘粒径大小的数量或质量组成百分比
D. 粉尘的大小

29. 在法定职业病种类与名单中，以下不属于尘肺的是（　　）

A. 石墨尘肺　　B. 炭黑尘肺　　C. 石棉肺　　D. 农民肺

30. 某男性，在施用农药 5 小时后出现头晕、恶心、眼痛、眼睑红肿、肢体阵发性抽搐等表现，则最可能引起该患者中毒的农药是（　　）

A. 对硫磷　　B. 西维因

C. 敌敌畏　　D. 溴氰菊酯

31. 某男性玻璃厂碎石工，年龄 40 岁，工龄 10 年以上。近来主诉咳嗽、胸闷、气短，X 线胸片呈现肺纹理增加，并伴有块状阴影。此工人最可能患有（　　）

A. 煤肺　　B. 煤工尘肺　　C. 硅肺　　D. 石棉肺

32. 下列针对物理学有害因素的说法正确的是（　　）

A. 应设法消除这些物理性因素

B. 应将其减少到越低越好

C. 应设法将这些因素控制在正常范围内不必消除，也不是越低越好

D. 对物理性因素所致的损伤或疾病的治疗，大多数需要采用"驱除"或"排出"的方法

33. 职业中毒诊断的主要依据是（　　）

A. 患者临床症状和体征

B. 实验室检查和临床症状体征

C. 接触有毒物质的种类、程度和时间

D. 职业史、实验室检查、劳动卫生现场调查和临床症状体征

34. 慢性铅中毒主要损伤（　　）

A. 消化、血液和神经系统　　B. 神经、消化和循环系统

C. 消化、血液和泌尿系统　　D. 消化、血液和心血管系统

35. 劳动强度过大，工作组织和制度不合理，劳动姿势不良，劳动工具不合适，精神方面或个别器官系统过度紧张，这样一些有害因素可统称为（　　）

A. 生物性职业有害因素　　B. 生产环境中的有害因素

C. 劳动过程中的有害因素　　D. 生产过程中的有害因素

36. 慢性苯中毒对造血系统的早期影响是（　　）

A. 白细胞减少，以淋巴细胞减少为主

B. 白细胞减少，以中性粒细胞减少为主

C. 白细胞减少，但淋巴细胞增加

D. 血小板减少，有出血倾向

37. 中暑按其发病机制不同可分为（　　）

A. 热射病、热痉挛和热衰竭

B. 热适应、热射病和热衰竭

C. 轻症中暑和重症中暑

D. 热辐射、热痉挛和热衰竭

38. 热射病的主要发病机制为（　　）

A. 大量出汗导致血容量不足

B. 机体蓄热导致中枢体温调节功能障碍

C. 外周血管扩张致脑供血不足

D. 头部受强热辐射直接照射致脑组织水肿

39. 防止噪声危害最根本的措施是（　　）

A. 制订合理的噪声卫生标准　　B. 使用有效的个人防护用品

C. 控制和消除噪声源　　D. 厂区厂房的合理规划

40. 某煤矿工人陈某，长期在井下采煤，因工作长期不能按时用餐，故患有慢性胃溃疡，此病应属于（　　）

A. 职业病　　B. 法定职业病　　C. 职业相关疾病　　D. 工伤

二、多项选择题

1. 影响硅肺发病的因素有（　　）

A. 粉尘中游离二氧化硅类型　　B. 二氧化硅含量

C. 粉尘浓度　　D. 劳动者接尘工作时间

2. 慢性汞中毒的三大主要临床症状为（　　）

A. 口腔-牙龈炎　　B. 震颤

C. 间质性肺炎　　D. 神经衰弱综合征

3. 上岗前健康检查的主要目的是（　　）

A. 及时发现工作场所潜在的职业危害

B. 收集上岗前的健康基础资料

C. 为制定卫生标准提供依据

D. 发现职业禁忌证

4. 硅肺的基本病理改变是（　　）

A. 肺组织弥漫性纤维化　　B. 矽性蛋白沉积

C. 团块型纤维化　　D. 矽结节

5. 在职业病防治领域，下列措施属于第一级预防策略的是（　　）

A. 在岗期间职业健康体检　　B. 岗前职业健康体检

C. 改进生产工艺和设备　　D. 个人防护用品的合理使用

6. 关于有机溶剂的毒作用特点，下列叙述正确的是（　　）

A. 具有挥发性、可溶性和易燃性的特点，故均不能用作灭火剂

B. 按化学结构，可把溶剂划分为若干类（族），同类物毒性相似

C. 主要经呼吸道进入人体

D. 多数有机溶剂在机体内不产生物质蓄积

7. 职业病诊断的依据是（　　）

A. 职业史　　B. 个体易感性

C. 工作现场危害调查和评价　　D. 临床表现和实验室检查

8. 法定职业性传染病包括（　　）

A. 炭疽杆菌病　　B. 布鲁氏菌病

C. 莱姆病　　D. 森林脑炎

9. 矿山开采中常见的生产性有害因素包括（　　）

A. 生产性粉尘　　B. 生产性噪声

C. 震动　　D. 不良的作业姿势

10. 硅肺的常见并发症有（　　）

A. 肺结核　　B. 肺及支气管感染

C.自发性气胸　　D. 肺源性心脏病

（李　宁）

三、食品安全与食源性疾病

一、单项选择题

1. 流行病学调查表明黄曲霉毒素与人类哪种肿瘤的发生密切相关（　　）

A. 胰腺癌　　B. 结肠癌　　C. 肝癌　　D. 食管癌

2. 能引起肠源性紫绀的是（　　）

A. 组胺　　B. 有机磷农药　　C. 亚硝酸盐　　D. 苯

3. 食品从业人员如果患有手指化脓、化脓性咽炎、口腔疾病时应暂时调换工作，以预防（　　）的发生。

A. 大肠埃希菌食物中毒　　B. 沙门菌食物中毒

C. 葡萄球菌肠毒素食物中毒　　D. 肉毒梭菌食物中毒

4. 某家庭5人，吃了自制的豆酱后，出现头晕、头痛、乏力、食欲减退，随后出现视物模糊、眼睑下垂、吞咽困难、声音嘶哑、颈无力、头下垂，经治疗后逐渐恢复健康，发生中毒最可能的病原是（　　）

A. 副溶血性弧菌　B. 李斯特菌
C. 沙门菌　D. 肉毒毒素

5. 菌落总数可作为食品（　　）

A. 污染粪便的标志　B. 酸败的标志
C. 腐败变质的标志　D. 清洁状态的标志

6. 新鲜蔬菜中常含有硝酸盐或亚硝酸盐，为了预防亚硝酸盐对人体的危害，减少作物中硝酸盐的含量，可以适当使用（　　）

A. 锌肥　B. 钾肥　C. 钼肥　D. 镁肥

7. 高温烹调食物不会产生的物质有（　　）

A. 硝酸盐　B. 苯并芘　C. 杂环胺　D. 丙烯酰胺

8. 河豚毒素含量最多的器官是（　　）

A. 鱼肉和血液　B. 鱼头和鱼尾
C. 肝脏和卵巢　D. 鱼鳃和眼睛

9. 现行的《中华人民共和国食品安全法》修订于（　　）

A. 2005年　B. 2010年　C. 2015年　D. 2020年

10. 污染食品的微生物中，下列种类最多、数量最大、分布最广的是（　　）

A. 病毒　B. 细菌　C. 霉菌　D. 寄生虫

11. 食品中细菌污染数量的指标是（　　）

A. 菌落总数　B. 大肠菌群　C. 感官评价　D. 协同效应

12. 对漂白剂描述正确的是（　　）

A. 漂白剂具有一定的防腐作用
B. 还原型漂白剂主要用于面粉的漂白
C. 漂白剂的用途及用量不受限制
D. 还原型漂白剂是将着色物质氧化分解后漂白

13. 属于食品抗氧化剂的是（　　）

A. 山梨酸　B. BHA　C. 碳酸　D. 乳酸

14. 亚硫酸盐能破坏肉、鱼等动物性食品中的（　　）

A. 维生素A　B. 维生素B　C. 维生素C　D. 维生素E

15. 最常见的食物中毒是（　　）

A. 化学性食物中毒　B. 细菌性食物中毒
C. 真菌性食物中毒　D. 有毒动物中毒

16. 食物中毒发病特点不包括（　　）

A. 发病潜伏期短，呈暴发
B. 发病与食物摄入相关
C. 中毒患者临床表现相似
D. 均表现为恶心、呕吐、腹痛、腹泻等胃肠道症状

17. 引起沙门菌食物中毒的主要原因是（　　）

A. 家畜、家禽　B. 海产品
C. 人的化脓性伤口　D. 苍蝇

18. 容易引起副溶血性弧菌食物中毒的食品是（　　）

A. 奶类　B. 畜禽肉类　C. 蛋类　D. 海产品

19. 已知毒性最强的细菌毒素是（　　）

A. 肉毒毒素　B. 副溶血型弧菌产生的溶血素

C. 沙门菌产生的内毒素 D. 金黄色葡萄球菌产生的肠毒素

20. 河豚毒素属于（ ）

A. 细胞毒素 B. 肝脏毒素 C. 呕吐毒素 D. 神经毒素

21. 下列现象中不属于食物中毒范畴的是（ ）

A. 摄入被葡萄球菌污染的食物

B. 摄入被节菱孢霉菌污染的食物

C. 误食亚硝酸钠

D. 摄入被结核分枝杆菌污染的食物

22. 误食大量亚硝酸钠可引起（ ）

A. 营养不良 B. 肠源性紫绀 C. 腹泻 D. 白细胞升高

23. 下列食物中毒具有明显季节性的是（ ）

A. 细菌性食物中毒 B. 真菌性食物中毒

C. 有毒动物性食物中毒 D. 有毒植物性食物中毒

24. 易引起副溶血性弧菌食物中毒的产品是（ ）

A. 海产品 B. 禽类食品 C. 乳制品 D. 蛋制品

25. 下列关于葡萄球菌表述正确的是（ ）

A. 革兰氏阴性菌 B. 最适宜生长温度为20℃

C. 只产生单一肠毒素 D. 其引起的食物中毒潜伏期短

26. 下列为化学性食物中毒特点的是（ ）

A. 发病季节明显 B. 一般预后较好

C. 中毒症状多样 D. 无特效解毒剂

27. 主要以神经系统症状为主的食物中毒是（ ）

A. 沙门菌食物中毒 B. 霉变甘蔗食物中毒

C. 赤霉病麦食物中毒 D. 菜豆食物中毒

28. 我国引起肉毒梭菌食物中毒最常见的食物是（ ）

A. 肉制品 B. 鱼制品 C. 自制发酵食品 D. 罐头食品

29. 食物中毒与其他急性疾病最本质的区别是（ ）

A. 潜伏期短 B. 很多人同时发病

C. 以急性胃肠道症状为主 D. 患者曾进食同一批某种食物

30. 下列关于细菌性食物中毒说法，不正确的是（ ）

A. 具有季节性，春季高发

B. 发病率高

C. 动物性食品是引起细菌性食物中毒的主要食品

D. 临床表现以急性胃肠炎为主

31. 以下各项不是食品加工、储存中产生的有害物质的是（ ）

A. 龙葵素 B. 组胺 C. 亚硝胺 D. 鹿花蕈素

32. 关于食品低温保藏叙述，错误的是（ ）

A. 抑制微生物增殖速度 B. 降低食品酶的活性

C. 应急速冷冻，缓慢化冻 D. 低温可以杀灭病原微生物

33. 蛋白质、脂肪和碳水化合物在高温加热分别能产生的有害物质是（ ）

A. 杂环胺、氯丙醇、丙烯酰胺 B. 杂环胺、丙烯酰胺、氯丙醇

C. 丙烯酰胺、氯丙醇、杂环胺 D. 氯丙醇、杂环胺、丙烯酰胺

34. 下面是食品良好生产规范英文缩写的是（ ）

A. GDP B. GMP C. CCP D. GCP

35. 辐照食品可用于食品起到的各种作用，除了（ ）

A. 杀菌防腐 B. 增进色香 C. 防治昆虫 D. 抑制生芽

36. 亚硫酸盐能破坏肉、鱼等动物性食品中的（　　）

A. 维生素 A　　B. 维生素 B_1　　C. 维生素 B_2　　D. 生育酚

37. 不可用于食品的天然色素有（　　）

A. 藤黄　　B. 虫胶红　　C. 焦糖色　　D. 红曲红

38. 不属于天然甜味剂的有（　　）

A. 索马甜　　B. 甜菊糖苷　　C. 麦芽糖醇　　D. 阿斯巴甜

39. 食用发芽或表皮变为青绿色的马铃薯、未成熟的番茄可导致患（　　）

A. 食源性诺如病毒病　　B. 食源性龙葵素中毒

C. 食源性甲醇中毒　　D. 食源性亚硝酸盐中毒

40. 下列不属于化学性食物中毒的是（　　）

A. 蘑菇中毒　　B. 有机磷农药中毒

C. 亚硝酸盐中毒　　D. 砷化物中毒

二、多项选择题

1. 食品安全包含的两个层面的含义是（　　）

A. 食品安全监督　　B. 食品数量

C. 食品安全标准　　D. 食品质量

2. 食品污染按其污染性质可分为（　　）

A. 生物性污染　　B. 物理性污染　　C. 化学性污染　　D. 以上均不是

3. 食源性疾病的基本要素包括（　　）

A. 传播媒介——食物

B. 食源性疾病的致病因子——食物中的病原体

C. 传染源——患病的人或动物

D. 临床特征——急性中毒性或感染性表现

4. 评价食品卫生质量的细菌污染指标包括（　　）

A. 菌落总数　　B. 感官评价　　C. 大肠菌群　　D. 协同效应

5. 下列不属于食物中毒的疾病是（　　）

A. 急性肠胃炎　　B. 寄生虫病　　C. 河豚鱼中毒　　D. 肠道传染病

6. 食品中细菌污染的来源包括（　　）

A. 食品销售过程　　B. 食品包装　　C. 食品从业人员　　D. 食品运输环节

7. 属于食源性疾病范畴的有（　　）

A. 食物中毒　　B. 食源性寄生虫病

C. 食源性肠道传染病　　D. 人畜共患传染病

8. 能够产生黄曲霉毒素的真菌包括（　　）

A. 黄曲　　B. 寄生曲霉　　C. 黄绿青霉　　D. 杂色曲霉

9. 细菌性食物中毒的发病机制可分为（　　）

A. 急性　　B. 感染型　　C. 毒素型　　D. 混合型

10. 引起金黄色葡萄球菌肠毒素中毒的食品多为（　　）

A. 禽蛋　　B. 奶油糕点　　C. 剩饭　　D. 海产品

（陈彩云）